西江韩国语1B

语法·词汇参考手册

문법 · 단어 참고서

STUDENT'S BOOK
1B
语法·词汇参考手册

주소   서울시 마포구 백범로 35 서강대학교 한국어교육원
Tel   (82-2) 713-8005
Fax   (82-2) 701-6692
e-mail sogangkorean@sogang.ac.kr

서강대학교 한국어교육원
http://klec.sogang.ac.kr

K.L.E.C

서강한국어 교사 사이트
http://koreanteachers.org

Sogang Korean Teachers

여름 특별과정(7-8월)
http://koreanimmersion.org

S.K.I.P

출판·판매·유통

초판 발행   2024년 8월 30일
펴낸이   박영호
펴낸곳   (주)도서출판 하우
주소   서울시 중랑구 망우로68길 48
Tel   (82-2) 922-7090   **Fax**   (82-2) 922-7092
홈페이지   http://www.hawoo.co.kr   **e-mail** hawoo@hawoo.co.kr
등록번호   제2016-000017호

目录

目标语法与补充词汇

第 **1** 课

-(으)ㄹ 수 있어요/없어요
-아/어야 해요
-아/어요 (형용사)

-(으)ㄹ 수 있어요/없어요: 能做/不能做~。表示可能和不可能做某种活动。

例 A: 토요일에 미나 씨하고 한강공원에 갈 거예요. **같이 갈 수 있어요?** (星期六和美娜一起去汉江公园。一起去吗？)

B: 네, 좋아요. 같이 가요. (好的。一起去吧。)

用法

• "-(으)ㄹ 수 있어요"表示能力、可能或者允许。
"-(으)ㄹ 수 없어요"是其否定形式，表示不可能或不允许。

形态

• "-(으)ㄹ 수 있어요/없어요"接在动词词干后，如果词干末音节无收音使用"-ㄹ 수 있다/없다"，有收音则使用"-을 수 있어요/없어요"。

먹다 : 먹 -을 수 있어요/없어요 　→　 먹을 수 있어요/없어요

가다 : 가 -ㄹ 수 있어요/없어요 　→　 갈 수 있어요/없어요

例 ① 영어를 **할 수 있어요**. ((我)能说(会说)英语。)
② 오늘 **갈 수 있어요**. (今天(我)能去。)
③ 오늘 같이 공부**할 수 없어요**. (今天(我)不能一起学习。)

> **!**
>
> ① **"ㄷ"不规则动词**
> 词干末音节以收音"ㄷ"结尾的"ㄷ"不规则动词，在元音前面"ㄷ"变为"ㄹ"。与"-을 수 있어요"连接时，需要将"ㄷ"不规则动词的收音"ㄷ"变为"ㄹ"。
>
> 걷다 : 걷 -을 수 있어요 → 걸을 수 있어요
>
> ② **"ㄹ"不规则动词**
> 词干末音节以收音"ㄹ"结尾的"ㄹ"不规则动词，后面接以"ㅂ, ㅅ, ㄴ"开头的词尾时，收音"ㄹ"要脱落。动词词干后接"-ㄹ 수 있어요"。
>
> 살다 : 사 -ㄹ 수 있어요 → 살 수 있어요

③ "ㅂ"不规则动词

词干末音节以收音"ㅂ"结尾的"ㅂ"不规则动词，在元音前面变成"우"。当后面出现"-을 수 있어요"的时候，需要将"ㅂ"不规则动词中的收音"ㅂ"变为"우"。

눕다 ：눕 -을 수 있어요 → 누우 -을 수 있어요 → 누울 수 있어요

例 A: 요즘 바빠요? (最近忙吗？)

B: 네, 프로젝트가 있어요. 그래서 서류를 **만들어야 해요**. (对，有项目。所以要准备材料。)

用法

· "-아/어야 해요"接在动词、形容词、"이다/아니다"、"있다/없다"后面，表示必须做某种行为或动作。

形态

· 词干末音节的元音为"ㅏ"或"ㅗ"时，后接"-아야 해요"。词干末音节的元音为"ㅏ""ㅗ"以外的其他元音时，后接"-어야 해요"。"하다"后接"- 여야 해요"，但是"하 + 여야 해요"可缩略为"-해야 해요"。

가다 ：가 → -아야 해요 → 가야 해요

먹다 ：먹 → -어야 해요 → 먹어야 해요

친절하다 ： → 친절해야 해요

例 ① 집에 **가야 해요**. (我得回家。)

② 밥을 **먹어야 해요**. (我必须吃饭。)

③ 선생님은 **친절해야 해요**. (老师应该和蔼。)

① "ㄷ"不规则动词

词干末音节以收音 "ㄷ"结尾的"ㄷ"不规则动词，在元音前面"ㄷ"变为"ㄹ"。与"-아/어/여야 해요"连接时，需要将"ㄷ"不规则动词的收音"ㄷ"变为"ㄹ"。

듣다 : 듣 -어야 해요 → 들어야 해요

② **"ㅂ"不规则动词/形容词**

词干末音节以收音"ㅂ"结尾的"ㅂ"不规则动词/形容词，在元音前面"ㅂ"变为"우"。与"-아/어/여야 해요"连接时，需要将"ㅂ"不规则动词/形容词中的收音"ㅂ"变为"우"。

쉽다 : 쉽 -어야 해요 → 쉬우 + -어야 해요 →쉬워야 해요

③ **"으"不规则动词/形容词**

词干末音节元音为"ㅡ"且无收音的动词/形容词后接以"아/어"开头的词尾时，词干末音节"ㅡ"要脱落。

쓰다 : 쓰 -어야 해요 → 써야 해요

-아/어요(형용사): 形容词

例 A: 가격이 어때요? (价格怎么样？)

B: 좀 **비싸요**. 하지만 학교가 아주 **가까워요**. 그래서 아침에 늦게까지 잘 수 있어요. 진짜 **편해요**. (有点贵，但离学校非常近，所以早上可以多睡会儿。真的很方便。)

用法
· 形容词用于描述事物的状态。

形态
· 形容词与动词的终结词尾活用变化相同。

例 ① 꽃이 **아름다워요**. (花很漂亮。)
② 방이 **작아요**. (房间很小。)
③ 한국 영화가 **재미있어요**. (韩国电影有意思。)

	现在
좋다 (好)	좋아요
크다 (大)	커요
많다 (多)	많아요
싸다 (便宜)	싸요
높다 (高)	높아요
길다 (长)	길어요
빠르다 (快)	빨라요

	现在
나쁘다 (不好)	나빠요
작다 (小)	작아요
적다 (少)	적어요
비싸다 (贵)	비싸요
낮다 (低)	낮아요
짧다 (短)	짧아요
느리다 (慢)	느려요

덥다 (热)	더워요		춥다 (冷)	추워요
가깝다 (近)	가까워요		멀다 (远)	멀어요
어렵다 (难)	어려워요		쉽다 (容易)	쉬워요
맛있다 (好吃)	맛있어요		맛없다 (不好吃)	맛없어요
재미있다 (有意思)	재미있어요		재미없다 (没意思)	재미없어요

第 2 课

-(으)ㄴ
-지 않아요
-아/어 보세요

-(으)ㄴ : 使形容词做定语，起修饰作用的词尾

例 A: 노트북요? 이거 어때요? (笔记本电脑吗? 这个怎么样?)
B: 좀 무거워요. **가벼운** 노트북 없어요? (有点沉。没有轻巧的笔记本电脑吗?)

用法
· 用于形容词后，表示事物现在的状况或性质。

形态
· 形容词词干无收音时，后接"ㄴ"，有收音时后接"은"。

예쁘다 : 예쁘 -ㄴ → 예쁜 꽃

작다 : 작 -은 → 작은 방

形容词		
基本形	句子末尾	名词前面
예쁘다(漂亮)	꽃이 예뻐요.	예쁜 꽃
작다(小)	방이 작아요.	작은 방

"있다、없다"或"재미있다"、"맛있다"等词的后面不用"-(으)ㄴ"，而是用"는"。

맛있다 : 맛있 -는 → 맛있는 음식(好吃的食物)

재미없다 : 재미없 -는 → 재미없는 사람(没意思的人)

> **"ㅂ"不规则形容词**
>
> 词干末音节以收音"ㅂ"结尾的"ㅂ"不规则形容词，在元音前面"ㅂ"变为"우"。
> 当后接"-은"的时候，需要将"ㅂ"不规则形容词中的收音"ㅂ"变为"우"。
>
> 쉽다 : 쉽 -은 → 쉬우 -은 → 쉬운

-지 않아요: 不 + 动词/形容词。表示否定。

例 A: **맵지 않아요?** (不辣吗？)
　　B: 안 매워요. (不辣的。)

用法

- "-지 않다"表示否定，同《西江韩国语1A》中学过的"안 + 动词/形容词"，两者在意思上没有区别。

形态

- "-지 않다"既适用于形容词，又适用于动词，表示否定。(不管形容词或动词的词干有无收音，其后都可接"-지 않다"。)

[动词] →　가다　　　: 가 -지 않다　　→　가지 않아요 (= 안 가요)

　　　　　　먹다　　　: 먹 -지 않다　　→　먹지 않아요 (= 안 먹어요)

　　　　　　숙제하다 : 숙제하 -지 않다 →　숙제하지 않아요 (= 숙제 안 해요)

[形容词] →　친절하다 : 친절하 -지 않다 →　친절하지 않아요 (= 안 친절해요)

例 A : 학교에 가요? (你去学校吗?)
　　B : 아니요, 학교에 **가지 않아요**. (不，我不去学校。)

> ❗ "가다"有两个意思: "走"与"去"，但是人物为主语时，"가지 않다"的意思并不是"不走"，而是"不去"。

A: 이 티셔츠 좀 입어 볼 수 있어요? (这件T恤衫可以试穿一下吗？)

B: **네, 입어 보세요**. 아주 예쁜 티셔츠예요. (可以的，您试试看。非常好看的T恤衫。)

用法
• "-아/어 보세요"是劝说某人尝试去做某事的表达方式。

形态
• "-아/어 보세요"接在动词词干后。词干末音节的元音为"ㅏ"或"ㅗ"时，后接 "-아 보세요"。词干末音节的元音为"ㅏ""ㅗ"以外的其他元音时，后接"-어 보세요"。"하다"后接"-여 보세요"，且"하 + 여 보세요"可缩略为"-해 보세요"。

가다 ：가 -아 보세요 → 가 보세요

먹다 ：먹 -어 보세요 → 먹어 보세요

말하다 : → 말해 보세요

动词 '보다(看)'不能和 '-아 보다'连接，而是单独使用 '보세요'。

보다 : 보 -아 보세요 → 봐 보세요(X) → 보세요(O)

 이 영화가 재미있어요. 한번 **보세요**. (这部电影很有意思，看一下吧(看看吧)。)

하고
-고
-(으)ㄹ까요? ①

 A: 그럼 우리 같이 서울을 구경할까요? (那我们一起去逛逛首尔怎么样？)

B: 네, 좋아요. 저는 인사동**하고** 북촌에 가고 싶어요. (好的。我想去仁寺洞和北村。)

用法

· 连接前后两个名词，表示两者具有同等资格的助词。

> 例 ① 김밥**하고** 떡볶이를 먹어요. (吃紫菜包饭和辣炒年糕。)
>
> ② 커피**하고** 녹차가 있어요. (有咖啡和绿茶。)

· "하고"既可以表示并列，有时也可以表示"一起"的意思。

> 例 친구**하고** 영화관에 갔어요. (和朋友一起去了电影院。)

-고: 表示并列

> 例 A: 그럼 같이 점심 먹을까요? (那一起吃午饭怎么样？)
>
> B: 좋아요. 같이 점심 **먹고** 산책해요. (好啊。一起吃午饭，然后散散步。)

用法

· 用于动词、形容词以及"이다/아니다""있다/없다"的词干后，不管前接词的词干有无收音，"-고"的形态不发生变化。

> 例 ① 소라 씨는 텔레비전을 **보고** 미나 씨는 공부해요. (素罗在看电视，美娜在学习。)
>
> ② 이 사전이 **작고** 가벼워요. (这个词典既小又轻。)

· "-고"连接两个以上的动作、行为、状态等，表示单纯的罗列。这时，句子前后谓语的主语可以相同，也可以不同。

> 例 ① **친절하고** 똑똑해요. ((他/她)既亲切，又聪明。)
>
> ② 앤디 씨가 기타를 **치고** 미나 씨가 노래해요. (安迪弹吉他，美娜唱歌。)

形态

· 句子表示过去或将来时，"-고"前面的谓语词干后不添加时制语尾"-았/었-"或"-겠-"，只在后半句的谓语词干后添加表示时态的语法成分。也就是说，整个句子的时间关系，由最后一个谓语成分的时制语尾来表示。

[动词]　책을 읽었어요. 그리고 텔레비전을 봤어요.
　　　　　→ 책을 읽고 텔레비전을 봤어요.

　　　　　책을 읽을 거예요. 그리고 텔레비전을 볼 거예요.
　　　　　→ 책을 읽고 텔레비전을 볼 거예요.

12

[形容词]　　피곤했어요. 그리고 배고팠어요. → 피곤하고 배고팠어요.

例 ① 어제 이리나 씨는 책을 **읽고** 텔레비전을 **봤어요**.

　　(昨天伊丽娜看完书又看了电视。)

　② 내일 이리나 씨는 책을 **읽고** 텔레비전을 **볼 거예요**.

　　(明天伊丽娜会看书，还会看电视。)

　③ 작년 여름에는 **덥고** 비가 많이 **왔어요**.

　　(去年夏天很热，也下了很多雨。)

-(으)ㄹ까요? ①: (我们) 动词 + 好吗?/(我们)动词 + 怎么样?

例 A: 우리 같이 **등산할까요**? 사라 씨하고 같이 등산하고 싶어요.

　　(我们一起去爬山怎么样? 想和你一起去爬山。)

　B: 미안해요. 내일 아르바이트를 해요. (抱歉。明天去做兼职。)

用法

· 主语是"我们"，即包括听话人在内的时候，表示询问对方的意向。主语通常被省略。

例 갈까요? (一起走好吗?)

形态

· "-(으)ㄹ까요?"与动词、"있다"的词干连用(但仅限于"있다"表示"在"这一意思的情况)。词干末音节无收音时，后接"-ㄹ까요?"，有收音时，后接"-을까요?"。

보다 : 보 -ㄹ까요? → 볼까요?

먹다 : 먹 -을까요? → 먹을까요?

例 ① 같이 영화를 **볼까요**? (我们一起看电影好吗?)

　② 같이 점심을 먹**을까요**? (我们一起吃午饭好吗?)

接受对方的建议时，用"-아/어요"。

例 ① A : 같이 영화를 볼까요? (我们一起看电影好吗?)

　　B : 네, 좋아요. 봐요. (好的，看吧。)

　② A : 커피 마실까요? (我们喝点咖啡怎么样?)

　　B : 네, 마셔요. (好的，喝吧。)

13

① "ㄷ"不规则动词

词干末音节以收音 "ㄷ" 结尾的 "ㄷ" 不规则动词，在元音前面 "ㄷ" 变为 "ㄹ"。与 "-을까요" 连接时，需要将 "ㄷ" 不规则动词的收音 "ㄷ" 变为 "ㄹ"。

걷다 : 걷 -을까요? → 걸을까요?

② "ㄹ"不规则动词

动词词干末音节以收音 "ㄹ" 结尾时，"ㄹ" 脱落，然后在词干末音节的元音后接 "-ㄹ까요?"。

만들다 : 만드 -ㄹ까요? → 만들까요?

例 ① 좀 **걸을까요**? (我们走走好吗?)
　② 같이 음식을 **만들까요**? (我们一起做菜好吗?)

第 4 课

-(으)세요 ②
-(으)셨어요

-(으)세요 ②: 表达尊敬的终结词尾

例 A: 민수 씨는 매운 음식을 **좋아하세요**? (民洙，你喜欢吃辣的东西吗?)
　B: 네, 좋아해요. (是的，我喜欢。)

用法

- "-(으)세요" 见于《西江韩国语1A》，用于动词词干后，表示郑重的命令或者请求、要求。本课学习 "-(으)세요" 接在谓词词干后，表示说话人对主语的尊敬。

形态

- 句子的主语是听话者或是第三者，因此 "-(으)세요" 只能用于第二或第三人称做主语的句子，而不能用于第一人称做主语的句子。

[动词]　　가다 : 가 -세요　　→ 가세요

　　　　　읽다 : 읽 -으세요　　→ 읽으세요

[形容词]　친절하다 : 친절하 -세요　→ 친절하세요

例 ① 선생님이 여섯 시에 집에 **가세요**. (老师六点回家。)
② 우리 어머니가 책을 **읽으세요**. (我妈妈正在看书。)
③ 우리 아버지가 정말 **친절하세요**. (我爸爸真的很和蔼。)

① "ㄷ"不规则动词

词干末音节以收音"ㄷ"结尾的"ㄷ"不规则动词，在元音前面"ㄷ"变为"ㄹ"。与"-으세요"连接时，需要将"ㄷ"不规则动词的收音"ㄷ"变为"ㄹ"。

듣다 : 듣 -으세요 → 들으세요

② "ㄹ"不规则动词/形容词

动词/形容词词干末音节以收音"ㄹ"结尾时，"ㄹ"脱落，然后在词干末音节的元音后接"-세요"。살다 : 살 -으세요 → 사 -세요 → 사세요

③ "ㅂ"不规则动词/形容词

词干末音节以收音"ㅂ"结尾的"ㅂ"不规则动词/形容词，在元音前面"ㅂ"变为"우"。当后接"-으세요"的时候，需要将"ㅂ"不规则动词/形容词中的收音"ㅂ"变为"우"。

춥다 : 춥 -으세요 → 추우 -으세요 → 추우세요

· 不管是陈述句还是疑问句，"-(으)세요"的变化形式相同。

回答"-(으)세요?"的问句时，因为没有必要对自己使用敬语，所以回答时用"-아/어/여요"即可。

例 A : 집에 **가세요**? (你现在回家吗?)
B : 네, 집에 가요. (是的，我回家。)

例 ① 마이클 씨, 지금 학교에 **가세요**? (迈克尔你现在去学校吗?)
② 마이클 씨 어머니가 선생**님이세요**. (迈克尔的妈妈是老师。)

· 只能用作敬语的动词：

动词	해요尊敬阶	敬语	
있다 (在)	있어요	계세요	*있다 (有) : 있으세요
없다 (不在)	없어요	안 계세요	*없다 (没有) : 없으세요
먹다 (吃)	먹어요	드세요, 잡수세요	

15

마시다 (喝)	마셔요	드세요
자다 (睡觉)	자요	주무세요
말하다 (说)	말해요	말씀하세요

尊敬语"계시다"只用于主语是人的情况。

例 ① 우리 **할머니**께서 지금 집에 안 **계세요**. (奶奶现在不在家。)
   ↳ 主语是人

"있다"表"拥有"之意时，尊敬形式为"있으세요/없으세요"。

例 ① 오늘 오후에 **시간**이 **있으세요**? (今天下午有时间吗?)
   ↳ 主语是人
② 우리 할머니는 **걱정**이 **없으세요**.
   ↳ 主语是人

为表示尊敬，可以用"께서"来替代主格助词"이/가"。

어머니가 → 어머니께서

例 우리 어머니**께서** 오후에 시장에 가세요. (妈妈下午去市场。)

-(으)셨어요: 表达尊敬的过去式词尾

例 A: 언제 한국에 **오셨어요**? (什么时候来的韩国?)
B: 두 달 전에 왔어요. (两个月前来的。)

用法
· 表达尊敬的词尾"-(으)세요"，其过去式为"-(으)셨어요"。

形态
· "-(으)셨어요"接在动词和形容词的词干后，如果词干末音节有收音，后接"-으세요"，否则用"-세요"。

[动词]　　가다 : 가 -셨어요　　→　가셨어요

　　　　　읽다 : 읽 -으셨어요　→　읽으셨어요

16

[形容词]　　친절하다 : 친절하 -셨어요　→　친절하세요

머리(头)

눈(眼睛)

목(脖子)

팔(胳膊)

다리(腿)

발(脚)

귀(耳朵)

코(鼻子)

입(嘴)

어깨(肩膀)

손(手)

배(肚子)

무릎(膝盖)

-(으)ㄹ 줄 알아요/몰라요
-거나
-지만

-(으)ㄹ 줄 알아요/몰라요: 会/不会(做某事)。表示"具有(不具有)某种技能"。

例 A: 한스 씨는 테니스 **칠 줄 아세요**? (汉斯你会打网球吗？)

　　B: 네, 칠 줄 알아요. (嗯，会打的。)

形态

• "-(으)ㄹ 줄 알아요/몰라요"接在动词词干后，词干末音节有收音时接"-을 줄 알아요/몰라요"，无收音时接"-ㄹ 줄 알아요/몰라요"。

수영하다 : 수영하 -ㄹ 줄 알아요 → 수영할 줄 알아요

읽다 　　 : 읽 -을 줄 알아요 　　 → 읽을 줄 알아요

例 A: **수영할 줄 아세요**? (你会游泳吗?)

　　B: 네, **수영할 줄 알아요**. (是的，我会游泳。)

　　　아니요, **수영할 줄 몰라요**. (不，我不会游泳。)

---

① **"ㄷ"不规则动词**

词干末音节以收音"ㄷ"结尾的"ㄷ"不规则动词，在元音前面"ㄷ"变为"ㄹ"。与"-을 줄 알아요/몰라요"连接时，需要将"ㄷ"不规则动词的收音"ㄷ"变为"ㄹ"。

듣다 : 듣 -을 줄 알아요 → 들을 줄 알아요

② **"ㄹ"不规则动词**

动词词干末音节以收音"ㄹ"结尾时，"ㄹ"脱落，然后在词干末音节的元音后接"-ㄹ 줄 알아요"。

만들다 : 만드 -ㄹ 줄 알아요 → 만들 줄 알아요

---

1) "-(으)ㄹ 수 있다/없다"既可以表示单纯的可能，也可以表示具有某种本领或技能。而"-(으)ㄹ 줄 알다/모르다"只能表示具有某种本领或技能。在下面的情况下，两者可以替换。

> 例　불고기를 만들 수 있어요. ＝ 불고기를 만들 줄 알아요. (本领或技能)
> 　　 (我能做烤肉。)　　　　　 (我会做烤肉。)

2) 但如下例所示，当表示可能性时，"-(으)ㄹ 수 있다/없다"不能换成"-(으)ㄹ 줄 알다/모르다"。

> 例　내일 영화를 볼 수 있어요. (○) 明天能看电影。
> 　　 내일 영화를 볼 줄 알아요. (×) 知道明天看电影的方法。

-거나: … 或 …，或者… 或者…，要么…要么…。

> 例　A: 시간이 있을 때 뭐 하세요? (有空的时候你会做什么?)
> 　　 B: 운동을 **하거나** 음악을 들어요. (运动或听听音乐。)

用法
· "-거나"用于动词或形容词词干后，表示在两个或两个以上的行为、动作、状态中选择一个。

形态
· 接在动词、形容词、"이다/아니다"、"있다/없다"的词干后，不管前接词的词干末音节有无收音，都使用"-거나"这一形态。

动词或形容词的词干	-거나	其他动词或形容词

[动词]　　보다 + 읽다　→　보거나 읽다

　　　　　먹다 + 마시다　→　먹거나 마시다

[形容词]　좋다 + 나쁘다　→　좋거나 나쁘다

> 例　① 저녁에 텔레비전을 **보거나** 신문을 읽어요. (晚上要么看电视，要么看报纸。)
> 　　 ② 아침에 과일을 **먹거나** 주스를 마셔요. (早上或者吃水果，或者喝果汁儿。)

- 表示过去或将来的行为动作时，"-거나"前面的动词词干后不添加时制语尾"-았/었-"或"-겠-"，只在后半句的动词词干后添加表示时态的语法成分。

例 A: 주말에 뭐 할 거예요? (周末你打算做什么?)

B: 친구를 만나**거나** 여행을 갈 거예요. (我打算见朋友或者去旅行。)

➕

"(이)나"与"-거나"意思相同，都表示"或者"。但"(이)나"只用于连接两个名词，"이나"用于以辅音结尾的名词后面，"나"用于以元音结尾的名词后面。

名词 + (이)나 + 名词

책 + 신문 : 책이나 신문

커피 + 차 : 커피나 차

例 ① **책이나** 신문을 읽어요. (看书或者看报。)

② **커피나** 차를 마셔요. (喝咖啡或者茶。)

-지만: 但是

例 A: 테니스를 배우세요? 테니스 수업이 어떠세요?

(你在学网球吗? 网球课怎么样?)

B: **어렵지만** 재미있어요. (虽然难，但挺有趣的。)

用法

- "-지만"为连结词尾，用于肯定前句内容的同时，提出与之相反或不同的事实。

形态

- "-지만"接在动词、形容词的词干后，不管词干末音节有无收音，都使用"-지만"这一形态。

한국어가 어렵다 / 재미있다 → 한국어가 어렵지만 재미있어요.

갈비가 비싸다 / 맛있다 → 갈비가 비싸지만 맛있어요.

피아노를 칠 줄 모르다 / 기타를 칠 줄 알다 → 피아노를 칠 줄 모르지만 기타를 칠 줄 알아요.

例 그 옷은 멋있지만 너무 비싸요. (那件衣服很好看，可是太贵。)

形态

• 与运动和乐器相关的动词有多种，使用的时候特别要注意选择合适的动词。

수영 야구 축구 농구 · 태권도	+ 하다	테니스 배드민턴 탁구 골프 피아노 기타	+ 치다
자전거 스키 스케이트 스노보드	+ 타다	하모니카 플루트	+ 불다

-고 있어요
못
-보다 더

-고 있어요 : 正, 正在

例 A: 혹시 완 씨가 거기에 있어요? (宛在那里吗？)

B: 네, 지금 **숙제하고 있어요**. (在的，现在正写着作业。)

用法

• "-고 있다"用于描述正在进行的动作或反复进行的动作。

• 一般表示正在进行的动作时常与"지금"一起使用，表示反复进行的动作时常与"요즘"一起使用。

例 [正在进行的动作]

완 씨가 지금 친구하고 **통화하고 있어요**. (宛正在和朋友打电话。)

렌핑 씨가 지금 PC방에서 **게임하고 있어요**. (任平正在网吧打游戏。)

21

[反复进行的动作]

히로미 씨가 요즘 요리 학원에 **다니고 있어요**. (裕美最近在上烹饪培训班。)

투안 씨가 요즘 태권도를 **배우고 있어요**. (俊最近在学习跆拳道。)

形态

• 与动词结合使用，动词词干后直接加"-고 있다"。

보다 → 보고 있다
듣다 → 듣고 있다

例 수잔 씨가 방에서 컴퓨터로 영화를 **보고 있어요**. (苏珊正在房间里用电脑看电影。)

타쿠야 씨가 요즘 아침마다 라디오를 **듣고 있어요**. (拓哉最近每天早上听收音机。)

> 1) "-고 있다"的时态变化如下。
>
> > 例 [现在时] 저는 요즘 서강 대학교에 **다니고 있어요**. (我最经在西江大学学习。)
> > [过去时] 저는 어제 7시에 텔레비전을 **보고 있었어요**. (我昨天7点在看电视。)
> > [将来时] 1년 후에 미국에서 **일하고 있을 거예요**. (我1年后会在美国工作。)
>
> 2) "-고 있다"中的"있다"可以换成尊敬语"계시다"。
>
> > 例 밖에서 선생님이 **기다리고 계세요**. (老师正在外面等着。)
> > 민수 : 아버지가 지금 뭐 **하고 계세요**? (民洙：爸爸现在在做什么呢?)
> > 미나 : 방에서 신문을 **읽고 계세요**. (美娜：正在房间里看报纸。)

못: 不能，没能。表示否定。

例 A: 한스 씨, 어제 친구를 만났어요? (汉斯，昨天见朋友了吗？)

B: 아니요, **못** 만났어요. (没有，没见成。)

用法

• 副词"못"用在动词前，表示不可能，强烈的否定或者拒绝。

形态

• -지 못하다"与"못"的意思相同。

"못"和"-지 못하다"都与动词连用，但"못"后面接动词，而"-지 못하다"则接在动词的词干后面。无论动词的词干末音节是否有收音，都使用"-지 못하다"这一形态。

例 ① 파티에 **못** 가요. (我无法参加聚会。)

② 파티에 가**지 못해요**. (我无法参加聚会。)

＊ ①和②语义相同，但①带有口语色彩。

❗ 同"안"一样，"못"用在动词的前面。但由"双音节或多音节汉字词+하다"组成的动词，如"공부하다(功夫하다)"等，"못"要用在"하다"的前面。

例 ① A : 친구를 만났어요? (见到朋友了吗?)

B : 아니요, **못** 만났어요. (没有，没见到。)

② A : 숙제했어요? (作业做了吗?)

B : 아니요, 숙제 **못** 했어요. (没有，作业还没做。)

보다 더: 比更

例 A: 혹시 이 우산이에요? (是这把雨伞吗?)

B: 아니요, 이거**보다 더** 긴 우산이에요. (不是，是比这把更长的雨伞。)

用法

• "보다 더"用于比较两个事项。

形态

• 把位于"이/가"前面的名词，同位于"-보다"前面的名词进行比较。"보다"接在名词后，在"보다"后添加副词"더"，可以增强比较的程度。

| 主语 | 이/가 | 名词 | 보다 더 | 动词 / 形容词 |

例 ① 캐나다**가** 한국**보다 더** 커요. (加拿大比韩国(更)大。)

② 한국말**이** 영어**보다 더** 어려워요. (韩语比英语(更)难。)

❗ "더"也可以不与"보다"连用，也就是说，"더"可以单独使用。

例 A : 코지 씨하고 토니 씨 중에서 누가 **더** 커요? (康治和托尼相比，谁更高?)

B : 토니 씨가 **더** 커요. (托尼更高。)

+

由于助词的使用，韩国语句子的语序相对较为自由。主语部分（主语이/가）和比较对象部分（名词보다）的语序可以调换。

> 例 한국보다 캐나다가 더 커요. (比起韩国，加拿大更大。)
> = 캐나다가 한국보다 더 커요. (加拿大比韩国更大。)

第 **7** 课

-아/어 주세요
-아/어 드릴게요
-아/어 봤어요

-아/어 주세요: 请(为我)做……

> 例 A: 저, 죄송하지만 자리 좀 **바꿔 주세요**. 너무 추워요. (那个，不好意思，请帮我换一下座位。太冷了)
> B: 네, 알겠습니다. (好的，知道了。)

用法

· "-아/어 주세요"表示礼貌地请求或命令听者为说话人做某事。

形态

· "-아/어 주세요"与动词连用，当动词的词干末音节元音为"ㅏ"或"ㅗ"时，后接"-아 주세요"，当词干末音节元音为"ㅏ"或"ㅗ"之外的其他元音时，后接"-어 주세요"。"하다"后接"-여 주세요"，且"하-여 주세요"可缩略为"-해 주세요"。

닫다 : 닫 -아 주세요 → 닫아 주세요

읽다 : 읽 -어 주세요 → 읽어 주세요

하다 :   → 해 주세요

> 例 ① 문을 **닫아 주세요**. (请关门。)
> ② 이 책을 **읽어 주세요**. (请读这本书给我听。)
> ③ **해 주세요**. (请为我做。)

① **"으"不规则动词**

词干末音节元音为"ㅡ"且无收音的谓词后接以"아/어"开头的词尾时，词干末音节"ㅡ"要脱落。

쓰다 : 쓰 -어 주세요 → 써 주세요

② **"ㄷ"不规则动词**

词干末音节以收音"ㄷ"结尾的"ㄷ"不规则动词，在元音前面"ㄷ"变为"ㄹ"。与"-아/어/여 주세요"连接时，需要将"ㄷ"不规则动词的收音"ㄷ"变为"ㄹ"。

듣다 : 듣 -어 주세요 → 들어 주세요

③ **"르"不规则动词**

部分词干末音节为"르"的谓词后接以元音"아/어"开头的词尾时，要把"르"音节的元音"ㅡ"脱落，剩下的"ㄹ"加到其前面的音节中做收音，还需在收音"ㄹ"后新增一个"ㄹ"与元音"-아/여"相结合。

부르다 : 부르 -어 주세요 → 불러 주세요

例 ① 전화번호를 써 주세요. (请把电话号码写给我。)
② 제 이야기 좀 들어 주세요. (请听我说。)
③ 전화로 택시를 불러 주세요. (请打电话给我叫辆出租车。)

- 아/어 드릴게요: 我来……

例 A: 바야르 씨가 맛있는 식당 좀 소개해 주세요. (巴雅尔你推荐些好吃的餐厅给我吧。)

B: 네, 제가 **알려 드릴게요**. (好的，我来给你推荐。)

用法

· "-아/어 드릴게요"表示为对方提供帮助，或者满足对方的某种请求。

形态

· "드릴게요"的动词原型为"드리다"，"드리다"是"주다"的敬语。在"-아/어 드릴게요"这个句型中，主语不是接受帮助的人，而是提供帮助的人，应为第一人称。

사다 → 사 드릴게요

가르치다 → 가르쳐 드릴게요

하다 → 해 드릴게요

25

例 같이 점심 먹으러 가요. 오늘 제가 점심을 **사 드릴게요**. (一起去吃午饭吧。今天我请您吃午饭。)

A: 사무실 전화번호 좀 가르쳐 주세요. (请告诉我办公室的电话。)

B: 네, **가르쳐 드릴게요**. (好的，我来告诉你。)

A: 학교 사무실이 어디에 있어요? (学校办公室在哪里？)

B: 제가 **안내해 드릴게요**. 이쪽으로 오세요. (我来带你去吧。这边请。)

!

1) "으"不规则变化

例 A: 이름을 어떻게 쓰세요? (名字怎么写呢？)

B: 제가 **써 드릴게요**. (我来写给你吧。)

(쓰다)

2) "ㅂ"不规则变化

例 제가 **도와 드릴게요**. (我来帮你吧。)

(돕다)

3) "르"不规则变化

例 케이크를 **잘라 드릴게요**. (我来切蛋糕吧。)

(자르다)

-아/어 봤어요: 曾经做过，试过。

例 A: 바야르 씨, 비빔밥 **먹어 보셨어요**? (巴雅尔，你吃过拌饭吗？)

B: 네, **먹어 봤어요**. 가브리엘 씨는요? (嗯，吃过。加布里埃尔，你呢？)

A: 아직 못 **먹어 봤어요**. (我还没吃过。)

用法
• 表示尝试做过某事，或经历过某事。

形态
• "-아/어 봤어요"用于动词词干后，表示过去的经历。

가다 : 가 -아 봤어요 → 가 봤어요

먹다 : 먹 -어 봤어요 → 먹어 봤어요

하다 : 해 봤어요

例 ① 제주도에 **가 봤어요**. (去过济州岛。)
② 인삼을 **먹어 봤어요**. (吃过人参。)
③ 한번 **해 봤어요**. (做过。)

❗ 动词"보다(看)"不能和"-아/어 봤어요"连用，而直接单独用"봤어요"。
보다 : 보 -아 봤어요 → 봐 봤어요. (×) → 봤어요. (○) (看过。)

-아/어서①
-지요?
-(으)려고 해요

-아/어서 ①: 因为 ……

例 A: 뭐가 제일 좋았어요? (什么地方最好？)
B: 말하기 수업이 **재미있어서** 좋았어요. (口语课很有趣，非常棒。)

用法
• 连结词尾"-아/어서"表示原因和理由。

例 **배가 아파서** 병원에 갔어요. (因为肚子痛，所以去了医院。)
理由 ↵ 　　　　 ↳ 行动 / 事实

形态
• "아/어서"接在动词、形容词、"이다/아니다"、"있다/없다"的词干后。当末音节元音为
"ㅏ"或"ㅗ"时，后接"-아서"，当词干末音节元音为"ㅏ"或"ㅗ"之外的其他元音时，后接"-
어서"。"하다"后接"-여서"，且"하 -여서"可缩略成为"해서"。

비싸다 　: 비싸 -아서 → 비싸서
먹다 　　: 먹 　-어서 → 먹어서
피곤하다 :　　　　　 → 피곤해서

27

① **"으"** 不规则动词/形容词

词干末音节元音为"ㅡ"且无收音的谓词后接以"아/어"开头的词尾时，词干末音节 "ㅡ"要脱落。

바쁘다 : 바쁘 -아서 → 바빠서

② **"ㄷ"** 不规则动词

词干末音节以收音"ㄷ"结尾的"ㄷ"不规则动词，在元音前面"ㄷ"变为"ㄹ"。与"- 아/어/여 서"连接时，需要将"ㄷ"不规则动词的收音"ㄷ"变为"ㄹ"。

걷다 : 걷 -어서 → 걸어서

③ **"ㅂ"** 不规则动词 /形容词

词干末音节以收音"ㅂ"结尾的"ㅂ"不规则动词/形容词，在元音前面"ㅂ"变为"우"。 当后接"-아/어/여서"的时候，需要将"ㅂ"不规则动词/形容词中的收音"ㅂ"变为 "우"。

덥다 : 덥 -어서 → 더워서

④ **"르"** 不规则动词 /形容词

部分词干末音节为"르"的谓词后接以元音"아/어"开头的词尾时，要把"르"音节的 元音 "ㅡ"脱落，剩下的"ㄹ"加到其前面的音节中做收音，还需在收音"ㄹ"后新增 一个"ㄹ"与元音"-아/여"相结合。

모르다 : 모르 -아서 → 몰라서

例　① **바빠서** 영화관에 안 가요. (因为忙，所以不去电影院。)
　　② 많이 **걸어서** 다리가 아파요. (走了很多路，所以腿疼。)
　　③ **더워서** 문을 열었어요. (天气热，所以打开了门。)
　　④ **몰라서** 선생님한테 물어봤어요. (我不懂，所以问了老师。)

• 表示过去或将来(推测，P.15)的行为动作时，"-아/어서"前面的谓语词干后不添加时制语尾 "-았/었-"或"-겠-"，只在后半句的谓词词干后添加表示时态的语法成分。
也就是说，"-아/어서"前面的谓语，总是以现在时的形式出现。

例　① A : 왜 안 샀어요? (你为什么没买它？)
　　　 B : **비싸서** 안 샀어요. (太贵了，所以我没有买。)

　　② A : 왜 내일 학교에 안 올 거예요? (你为什么明天不打算来学校呢？)
　　　 B : 일이 **있어서** 학교에 안 올 거예요. (因为有事，所以我不打算来学校。)

비싸요　　　-아서 → 비싸서 안 사요.

비쌌어요 　 　 -아서 → 비싸서 안 샀어요.

비쌀 거예요 　 -아서 → 비싸서 안 살 거예요.

> ❗ "-아/어서"不能用于命令句("-(으)세요")或者共动句("-(으)ㄹ까요")中。
>
> | 例 | ① 바빠서 내일 가세요.(×) | → 바쁘니까 내일 가세요. (O) |
> | | | (因为忙，所以请你明天去。) |
> | | ② 바빠서 내일 갈까요?(×) | → 바쁘니까 내일 갈까요? (O) |
> | | | (因为忙，所以明天去怎么样？) |

-지요?: 不是吗，吗，吧。

例 　 A: 하루카 씨, **숙제했지요?** (晴香，作业写了吗？)

　　 B: 아니요, 못 했어요. (没有，还没写。)

用法

• "-지요?"接在动词、形容词的词干后，表示说话人想向听者确认某一个自己已有所了解的事实。

例 　 ① 날씨가 **좋지요?** (天气不错吧？)

　　 ② 소라 씨가 참 **친절하지요?** (素罗很亲切吧？)

　　 ③ 숙제 다 **했지요?** (作业都做完了吧？)

-(으)려고 해요: 打算做，计划做，希望做

例 　 A: 방학 때 뭐 할 거예요? (假期打算干什么？)

　　 B: 저는 고향에 갔다 올 거예요. 앤디 씨는요? (我打算回趟老家。安迪你呢？)

　　 A: 저는 부산에 여행 **가려고 해요**. (我打算去釜山旅行。)

用法

• 用于表达说话人的意图，或者将要打算做的事情。

形态

• 接在动词词干后，动词词干末音节无收音时，后接 "-려고 해요"，词干末音节有收音时，则后接 "-으려고 해요"。

가다 : 가 -려고 해요   → 가려고 해요

찾다 : 찾 -으려고 해요 → 찾으려고 해요

例 ① 내일 영화관에 **가려고 해요**. (明天打算去电影院。)

② 은행에서 돈을 **찾으려고 해요**. (打算去银行取钱。)

> ① "ㄷ"不规则动词
> 词干末音节以收音"ㄷ"结尾的"ㄷ"不规则动词，在元音前面"ㄷ"变为"ㄹ"。与"-(으)려고"连接时，需要将"ㄷ"不规则动词的收音"ㄷ"变为"ㄹ"。
>
> 듣다 : 듣 -으려고 해요 → 들으려고 해요
>
> ② "ㄹ"不规则动词
> 动词词干末音节以收音"ㄹ"结尾时，后接"-려고 해요"。
>
> 만들다 : 만들 -려고 해요 → 만들려고 해요
>
> 例 ① 음악을 **들으려고 해요**. (想听音乐。)
> ② 서울에서 **살려고 해요**. (我打算在首尔生活。)

불규칙 동사/형용사
不规则动词·形容词

▶ **"ㄷ"不规则动词**

词干末音节以收音"ㄷ"结尾的"ㄷ"不规则动词，后接以元音开头的词尾时，收音"ㄷ"变为"ㄹ"。

듣다: 듣 -어요   → 들어요

　　　-었어요   → 들었어요

　　　-을 거예요   → 들을 거예요

	后面出现元音时收音 ㄷ→ㄹ	后面出现辅音时
듣다 (听)	들어요	듣고 싶어요
묻다 (问)	물어요	묻고 싶어요
걷다 (走)	걸어요	걷고 싶어요

30

> "닫다"(关) "받다"(接受，收到) "믿다"(相信)是规则动词，即使后接以元音开头的词尾，其形式不变。

▶ "ㄹ"不规则动词/形容词

词干末音节以收音"ㄹ"结尾的"ㄹ"不规则动词/形容词，后面接以"ㅂ，ㅅ，ㄴ"开头的词尾时，收音"ㄹ"要脱落。

살다 : 살 -세요   → 사세요

알다 : 알 -ㅂ니다 → 압니다

길다 : 길 -ㄴ   → 긴 치마

例 ① 지금 어디에서 **사세요**? (你现在住哪儿？)
   ② 할 줄 **압니다**. (我会做。)
   ③ **긴** 치마를 입어요. (穿长裙。)

"ㄹ"不规则动词	-(으)세요	-ㅂ/습니다
살다 (住/生活)	사세요	삽니다
알다 (知道)	아세요	압니다
만들다 (做/制造)	만드세요	만듭니다
놀다 (玩耍)	노세요	놉니다

"ㄹ"不规则形容词	-(으)세요	-ㅂ/습니다	-(으)ㄴ
멀다 (远)	머세요	멉니다	먼
길다 (长)	기세요	깁니다	긴

▶ "ㅂ"不规则动词/形容词

词干末音节以收音"ㅂ"结尾的"ㅂ"不规则动词/形容词，在元音前面"ㅂ"变为"우"。

쉽다 : 쉽 -어요 → 쉬우 -어요 → 쉬우어요 → 쉬워요

춥다 : 춥 -어요 → 추우 -어요 → 추우어요 → 추워요

以ㅂ结尾的不规则形容词	
쉽다 (简单)	쉬워요
어렵다 (难)	어려워요
춥다 (冷)	추워요
덥다 (热)	더워요

"돕다"属于例外。"돕"的"ㅂ"变为"오"，后接非格式体终结词尾时与"-아요"一起使用。

돕다(帮助) : 돕 -아요 → 도오 -아요 → 도오아요 → 도와요

"입다(穿)""좁다(窄)"是规则动词，词干不发生变化。

입다 : 입 -어요 → 입어요

좁다 : 좁 -아요 → 좁아요

▶ "르"不规则动词/形容词

部分词干末音节为"르"的谓词后接以元音"아/어"开头的词尾时，要把"르"音节的元音"ㅡ"脱落，剩下的"ㄹ"加到其前面的音节中做收音，还需在收音"ㄹ"后新增一个"ㄹ"与元音"-아/어"相结合。

모르다(不知道) : 모르 -아요 → 몰ㄹ -아요 → 몰라요

부르다(叫)　　 : 부르 -어요 → 불ㄹ -어요 → 불러요

① 지하철이 **빨라요**. (地铁很快。)

② 앤디 씨 이메일 주소를 **몰라요**. (我不知道安迪的电子邮箱地址。)

르不规则动词		르不规则形容词	
모르다(不知道)	몰라요	빠르다(快)	빨라요
부르다(叫，唱)	불러요	다르다(不同)	달라요

各单元词汇与表达

● 名词　■ 动词　▲ 形容词　◆ 其他　□ 句式

第 1 课

말하기 口语

형용사① 形容词①

높다-높아요	高-高
낮다-낮아요	低-低
많다-많아요	多-多
적다-적어요	少-少
크다-커요	大-大
작다-작아요	小-小
싸다-싸요	便宜-便宜
비싸다-비싸요	贵-贵
덥다-더워요	热-热
춥다-추워요	冷-冷
맛있다-맛있어요	好吃-好吃
맛없다-맛없어요	不好吃，难吃-不好吃，难吃

문법 语法

◆ 잠깐	稍微，暂时，一会儿
■ 들어가다	进去
◆ 일주일 동안	一星期，一周
■ 연습하다	练习
◆ 돈을 찾다	取钱
◆ 약을 먹다	吃药
● 문화	文化
■ 알다	懂，知道，了解
● 역사	历史
◆ 발음을 잘하다	发音好

대화 对话

□ 알겠어요.	知道了。
◆ 다른 약속이 있다	有约，另外有约
◆ 너무	太，很，非常
◆ 프로젝트가 있다	有项目
◆ 서류를 만들다	准备材料，制作文件
◆ 출장을 가다	出差
◆ 서울을 안내하다	介绍首尔，领着参观首尔
▲ 넓다	宽广，辽阔
◆ 경치가 좋다	风景好
◆ 바람이 시원하다	风很凉快，凉爽的风
◆ 푸드 트럭	餐车

읽고 말하기 读与说

□ 잘 지내요.	过得好。
● 생활	生活
◆ 마음에 들다	满意，中意
▲ 편하다	舒服，方便
□ 건강 조심하세요.	注意身体；多多保重。
◆ 모두	全，都，所有
▲ 친절하다	亲切，和蔼，热情
▲ 재미있다	有趣，有意思
■ 복습하다	复习
● 학기	学期
◆ 새 집	新家，新房子
◆ 집을 찾다	找房子
▲ 불편하다	不方便，不舒服，不适

● 부엌	厨房
◆ 드림	敬上，敬呈

● 부동산	房地产
◆ 또	又，再
□ 교통이 불편해요.	交通不方便。
□ 글쎄요.	这个嘛，难说，不清楚
● 가격	价格
◆ 늦게까지	晚，直到很晚
◆ 진짜	真的
◆ 좋은 집	好房子

第 2 课

말하기 口语

형용사② 形容词②

길다-길어요- 긴 바지	长-长-长裤
짧다-짧아요- 짧은 바지	短-短-短裤
빠르다-빨라요- 빠른 버스	快-快-快速公交
느리다-느려요- 느린 버스	慢-慢-慢速公交
같다-같아요- 같은 옷	一样-一样-一样的衣服
다르다-달라요- 다른 옷	不一样-不一样-不一样的衣服
쉽다-쉬워요- 쉬운 시험	简单-简单-简单的考试
어렵다-어려워요- 어려운 시험	难-难-难的考试，难度大的考试
가볍다-가벼워요- 가벼운 가방	轻-轻-轻巧的包
무겁다-무거워요- 무거운 가방	重-重-沉重的包
조용하다-조용해요- 조용한 교실	安静-安静-安静的教室
시끄럽다-시끄러워요- 시끄러운 교실	吵闹-吵闹-吵闹的教室

문법 语法

● 스카프	围巾，丝巾
● 날씨	天气
● 머리	头，脑袋, 头发
● 과자	饼干
● 막걸리	米酒
◆ 아름다운 곳	美丽的地方
▲ 예쁘다	好看，漂亮
▲ 멋있다	帅气
■ 쓰다	戴
◆ 옷 가게	服装店

대화 对话

□ 어서 오세요.	欢迎光临。
□ 뭐 찾으세요?	您需要什么？
● 선풍기	电风扇
● 드라이기	吹风机
● 김치	泡菜
▲ 맵다	辣

35

□ 여기요.	这里。	
□ 맛있게 드세요.	请好好享用。	
● 김	紫菜，海苔	
▲ 짜다	咸	
● 귤	橘子	
▲ 시다	酸	
▲ 달다	甜	
◆ 이 티셔츠	这件T恤衫	
■ 입다	穿（衣服、裤子等）	
● 색깔	颜色	
● 치마	裙子	
● 바지	裤子	
● 구두	皮鞋	
● 운동화	运动鞋	
● 부츠	靴子，长靴	
■ 신다	穿（鞋袜）	

● 시장	市场
● 액세서리	饰品，配饰
● 꽃	花
● 선물	礼物
● 거리	街，街道
● 버스킹	街头表演
▲ 유명하다	有名，知名
● 노래방	练歌房，KTV
◆ 게임 센터	电玩城

● 원룸	单居室，一居室
▲ 깨끗하다	干净
● 침대	床
● 냉장고	冰箱
● 에어컨	空调
● 세탁기	洗衣机
● 위치	位置
◆ 바로	就，立即，马上
● 월세	月租
● 고시원	韩国考试院（指空间狭小的单间，居住者多为准备考试或求职的人）
□ 한 달에 45만원이에요.	一个月45万韩元。
□ 그럼요.	当然
◆ 둘 다	两个都

第 3 课

여가 활동 休闲活动

■ 운동하다	运动
■ 산책하다	散步
■ 등산하다	登山，爬山
■ 게임하다	玩游戏，做游戏

◆ 미술관에 가다	去美术馆	▲ 다양하다	多样的，多元的
◆ 콘서트에 가다	去演唱会	● 이벤트	活动
◆ 노래방에 가다	去练歌房，去KTV	◆ 여러 가지	各种，各种各样
◆ 영화를 보다	看电影	◆ 선물을 받다	收到礼物
◆ 공연을 보다	看演出	◆ 세계 여러 나라 음식	世界各国的美食
◆ 사진을 찍다	拍照	■ 공연하다	演出，表演
◆ 쿠키를 만들다	做饼干	◆ 표를 사다	买票

문법 语法

● 떡볶이	辣炒年糕	● 무료	免费
● 반지	戒指	◆ 누구든지	无论是谁，任何人
● 귀걸이	耳环，耳坠	◆ 일찍부터	早点，从很早
		◆ 줄을 서다	排队
		● 정문	正门

대화 对话

□ 아직 잘 모르겠어요.	还不知道；还没想好。
● 치킨	炸鸡
◆ 커피 한잔하다	喝杯咖啡

읽고 말하기 读与说

第 **4** 课

● 나무	树
◆ 다 같이	一起，共同
■ 이기다	赢
◆ 다시	再，又，重新
■ 대답하다	回答
◆ 둘이서만	只有两人，只有咱俩

말하기 口语

신체 身体

듣고 말하기 听与说

● 머리	头，脑袋，头发
● 눈	眼睛
● 목	颈部，脖子
● 팔	手臂，胳膊
● 다리	腿
● 발	脚
● 귀	耳朵
● 코	鼻子
● 입	嘴，嘴巴

□ 아직 특별한 계획은 없어요.	还没有特别的打算。
● 축제	庆典

● 어깨	肩膀
● 손	手
● 배	肚子，腹部
● 무릎	膝盖

존댓말 敬语

■ 주무세요- 주무셨어요	睡觉，就寝
■ 드세요- 드셨어요	吃饭，用餐
■ 말씀하세요- 말씀하셨어요	说话
■ 계세요- 계셨어요	在，健在

문법 语法

◆ 뉴스를 보다	看新闻
● 신문	报纸
● 한복	韩服
◆ 몇 잔	几杯

대화 对话

□ 그러세요?	是吗？
□ 얼굴이 안 좋으세요.	脸色不好。
▲ 아프다	生病，疼，痛
◆ 열이 나다	发烧
◆ 알레르기가 있다	过敏
◆ 감기에 걸리다	感冒
▲ 따뜻하다	温暖的，暖和的
■ 주문하다	订购，下单
● 한국말	韩国话
◆ 참	真，相当，实在
■ 잘하다	好，擅长

읽고 말하기 读与说

● 거기	那里
◆ 날씨가 좋다	天气好
◆ 비가 오다	下雨
◆ 바람이 불다	刮风
● 할머니	奶奶
● 건강	健康
● 할아버지	爷爷
◆ 친한 친구	好朋友，好友
● 거실	客厅
● 언니	姐姐（女用）
◆ 요가(를) 하다	练瑜伽
● 간식	零食，点心
◆ 조금 후	稍后，待会儿，过 一会儿

듣고 말하기 听与说

□ 들어오세요.	请进。
● 내과	内科
◆ 갔다 오다	来回，去了趟
▲ 괜찮다	还可以，没关系， 不要紧
□ 푹 쉬세요.	好好休息。
◆ 시험을 보다	考试
□ 어떻게 해요?	怎么办？
■ 걱정하다	担心，忧虑
□ 내일 학교에 꼭 오 세요.	明天一定要来学 校。
□ 빨리 나으세요.	早日康复。

第 **5** 课

말하기 口语

운동과 악기 运动与乐器

- 수영하다   游泳
- 야구하다   打棒球
- 축구하다   踢足球
- 농구하다   打篮球
- 테니스를 치다   打网球
- 배드민턴을 치다   打羽毛球
- 탁구를 치다   打乒乓球
- 골프를 치다   打高尔夫
- 자전거를 타다   骑自行车
- 스키를 타다   滑雪
- 스케이트를 타다   滑冰
- 스노보드를 타다   单板滑雪
- 피아노를 치다   弹钢琴
- 기타를 치다   弹吉他
- 하모니카를 불다   吹口琴
- 플루트를 불다   吹长笛

대화 对话

- 시간이 있을 때 뭐 하세요?   有空的时候你会做什么?
- 힙합   嘻哈
- 클래식   古典音乐
- 재즈   爵士乐
- 케이팝   韩国流行音乐（K-pop）

- 라틴 댄스   拉丁舞
- 코미디 영화   喜剧片
- 액션 영화   动作片
- 공포 영화   恐怖片
- 애니메이션   动画片，卡通片
- 힘들다   累，辛苦，吃力
- 손이 아프다   手疼
- 수업료가 비싸다   学费贵
- 요즘 어떻게 지내세요?   最近过得怎么样?
- 배우러 다니다   去学

읽고 말하기 读与说

- 자기소개서   自我介绍
- 방송국   电视台
- 신문방송학   新闻广播学
- 전공하다   专攻，专修
- 인턴을 하다   实习
- 고등학교   高中
- 관심이 많다   感兴趣
- 학년   学年，年级
- 이해하다   理解，懂得
- 학원에 다니다   上补习班，上辅导班
- 프로그램   节目，程序
- 사용하다   用，使用
- 특히   特别，尤其
- 편집   编辑，剪辑
- 방송   广播，播放
- 잘 부탁드립니다.   请多关照。

◆ 일주일에 몇 번　一周几次
◆ 퇴근 후　下班后
◆ 소개해 주다　给……介绍
◆ 신촌 역 2번 출구　新村站2号出口

第 6 课

말하기 口语

색깔 颜色

● 빨간색　红色
● 주황색　橙色，橘黄色
● 노란색　黄色
● 초록색　绿色
● 파란색　蓝色
● 남색　蓝色
● 보라색　紫色
● 하얀색　白色
● 까만색　黑色
□ 무슨 색이에요?　是什么颜色?

문법 语法

◆ 이를 닦다　刷牙
◆ 손을 씻다　洗手
◆ 그림을 그리다　画画
● 코트　大衣，外套
▲ 얇다　薄

대화 对话

● 단어　单词
■ 외우다　背诵，记住
■ 번역하다　翻译
■ 찾아보다　查找
◆ 일이 생기다　出事，发生事情
□ 잠깐만요.　请稍等。
□ 무슨 색 우산이에요?　是什么颜色的雨伞?
◆ 이 우산　这把雨伞
◆ 이거　这个
● 목도리　围巾

읽고 말하기 读与说

● 토끼　兔子
● 거북　乌龟
◆ 옛날옛날에　很久很久以前
◆ 어느 날　有一天，某一天
◆ 그때　那时，那会儿，当时
◆ 천천히　慢慢地
■ 걸어가다　走，步行去
■ 물어보다　问，打听
◆ 크게　大，大大地
■ 웃다　笑
◆ 기분이 나쁘다　心情不好，不高兴
■ 달리기하다　跑步，赛跑
◆ 빨리　快，迅速地
■ 뛰어가다　跑去
■ 생각하다　想，思考
◆ 열심히　努力地，认真地

◆ 얼마 후	过了一会儿，不久后	● 비빔국수	拌面
□ 야호!	呀哈（高兴时的叫喊声）	● 라면	泡面，方便面
● 소리	声音	● 떡볶이	辣炒年糕
■ 부르다	叫，喊，呼唤		

■ 잃어버리다	丢失，失去
● 사무실	办公室
□ 한번 물어보세요.	问问看。
□ 저기 죄송한데요.	那个，不好意思。
● 학생증	学生证
□ 혹시 이거예요?	是这个吗？
◆ 유실물 센터	失物招领中心
◆ 전화를 받다	接电话
◆ 시청 역	市厅站

第 7 课

한국 음식 韩国美食

● 순두부찌개	嫩豆腐汤
● 비빔밥	拌饭
● 김치볶음밥	泡菜炒饭
● 김밥	紫菜包饭
● 잔치국수	喜面

■ 포장하다	打包，包装
■ 켜다	开，打开
■ 돕다	帮助，帮忙
□ A/S센터	售后服务中心
□ 고장났어요.	出故障了。/ 坏了。
■ 계산하다	计算，结账
■ 누르다	按，压
■ 끄다	关
▲ 어둡다	黑，昏暗
◆ 가지고 오다	拿过来
● 외국	外国
● 찜질방	汗蒸房
◆ 번지 점프를 하다	蹦极
■ 낚시하다	钓鱼

◆ 자리를 바꾸다	换座，换座位
◆ 테이블을 닦다	擦桌子
▲ 지저분하다	脏乱
◆ 오이를 빼다	去掉黄瓜
◆ 다 먹을 수 없다	吃不完
● 맛집	好吃的餐厅
■ 추천하다	推荐
◆ 이따가	（等）一会儿，（过）一会儿
● 예매	订购，预订
◆ 확인(을) 하다	确认

■ 소개하다	介绍，推荐
■ 알리다	告诉，通知

□ 만들어 주셨습니다.	为（某人）做……
● 불고기	烤牛肉
■ 부탁하다	拜托，请求
◆ 언제든지	无论什么时候
◆ 며칠 후	几天后
◆ 먼저	首先
● 간장	酱油
● 설탕	白糖，砂糖
● 참기름	香油
● 마늘	大蒜
■ 넣다	放入，装进
■ 섞다	掺，混合
● 소고기	牛肉
● 당근	胡萝卜
● 양파	洋葱
● 파	大葱
■ 볶다	炒
▲ 기쁘다	高兴，开心
□ 말씀하셨습니다.	说。

● 메뉴판	菜单，菜谱
□ A : 뭐 주문하시겠어요?	A：您想点什么？
□ B : 잠깐만 기다려 주세요.	B：请稍等一下。
● 삼겹살	五花肉，烤五花肉
■ 시키다	点（菜）
◆ 배가 고프다	肚子饿
◆ 2인분	两人份
■ 굽다	烤
■ 저기요.	用于招呼服务员
● 반찬	小菜
□ 반찬은 셀프예요.	小菜是自助的。
◆ 셀프 코너	自助区
□ 제가 가지고 올게요.	我去拿过来。
□ 식사는 뭘로 하시겠어요?	主食想要吃点什么？
□ 한번 드셔 보세요.	可以尝尝看。
◆ 식사가 나오다	餐好了，饭菜上桌了
■ 자르다	剪，切断

第 **8** 课

이유 理由，原因

◆ 머리가 아프다	头疼
◆ 시간이 없다	没时间
◆ 너무 피곤하다	太疲惫
◆ 일이 생기다	出事，发生事情
◆ 다른 일이 있다	有其他事情
◆ 숙제가 많다	作业多

◆ 감기에 걸리다	感冒	◆ 그러니까	所以，因此
▲ 바쁘다	忙	▲ 두껍다	厚
◆ 시험이 있다	有考试	▲ 필요하다	需要

대화 对话

◆ 사다 주다	给……买
● 제목	题目，标题，主题

□ 저도 다 못 했어요.	我也还没写完。
◆ 인터뷰 준비하다	准备采访
● 졸업식	毕业典礼
◆ 시험 공부하다	准备考试，复习考试
◆ 제일	最，第一
□ 저도요.	我也是。
◆ 벌써 다 끝났어요.	已经都结束了。
◆ 시간이 빠르다	时间过得快
□ 방학 잘 보내세요.	假期愉快。
● 여기저기	到处

□ 메시지로 보낼게요. 用短信发给你吧。
□ 준비 다 했어요? 都准备好了吗?
□ 거의 다 했어요. 基本都准备好了。
■ 걱정되다 担心
◆ 금방 马上，立刻

읽고 말하기 读与说

● 처음	第一次，初次，开始
● 건물	楼，建筑
● 휴게실	休息室
▲ 부지런하다	勤劳，勤快
● 휴일	休息日，假日
□ 거의 다 알아요.	几乎都知道。
◆ 정말	真的
▲ 똑똑하다	聪明
◆ 가끔	偶尔，有时
▲ 즐겁다	愉快，高兴

듣고 말하기 听与说

■ 출발하다	出发

中文翻译

(对话·读与说·听与说)

口语

对话1 一起去吗？

安迪   星期六和美娜一起去汉江公园。一起去吗？
莎拉   好的。一起去吧。

安迪   星期六和美娜一起去汉江公园。一起去吗？
巴雅尔   抱歉。星期六有约了。
安迪   知道了。下次一起去吧。

对话2 要准备材料

莎拉   汉斯，昨天你怎么没来汉江公园？
汉斯   事情太多了。
莎拉   真的吗？最近忙吗？
汉斯   对，有项目。所以要准备材料。

对话3 汉江公园怎么样？

宛   这是哪里？
俊   是汉江公园。上周在汉江公园骑了自行车。
宛   汉江公园吗？汉江公园怎么样？
俊   汉江公园非常大。
宛   是吗？我也想去。

读与说 首尔生活非常满意。

To   jmlee@amail.com
Subject   你好，我是加布里埃尔。

政民，你好！
我在首尔过得很好。首尔生活令我非常满意。我认识了很多新朋友，韩国朋友们也都很热情。学习韩语很有意思，但也有点儿难。所以每天都要复习。
政民你在巴西过得怎么样？最近也踢足球吗？我没有时间，所以没法儿踢球。但是上个月在学校学了跆拳道，跆拳道非常有趣。
这学期还有一个月就结束了。放假的时候要找新房子。因为现在住的房子不太方便。房间太小，也没有厨房，所以没法儿做饭。而且离学校也远，坐地铁大概要一个小时。

政民你什么时候回韩国？想和你用韩语聊天。

也想和你一起踢足球。

谢谢你的邮件。

多多保重。

加布里埃尔

听与说 现在要去房屋中介所。

巴雅尔	加布里埃尔，今天一起吃午饭吗？
加布里埃尔	抱歉。现在得去趟房屋中介所。
巴雅尔	房屋中介所吗？去那儿干嘛？
加布里埃尔	现在住的房子离学校有点远，所以想搬家。
巴雅尔	加布里埃尔，你家在哪儿？
加布里埃尔	在蚕室。路上要一个小时。
巴雅尔	从学校怎么回家？
加布里埃尔	在新村站坐地铁去蚕室站，从蚕室站到家还要再坐公交。所以交通很不方便。
巴雅尔	是的，那你想搬去哪里呢？
加布里埃尔	这个嘛。巴雅尔，你住在哪儿？
巴雅尔	我住在学校前面。
加布里埃尔	是吗？学校前面怎么样？
巴雅尔	非常好。有很多餐厅和咖啡店，还有超市。
加布里埃尔	价格怎么样？
巴雅尔	有点贵，但离学校非常近，所以早上可以多睡会儿。真的很方便。
加布里埃尔	是吗？
巴雅尔	对啊，你也去学校前面的房屋中介所看看吧。会找到好房子的。
加布里埃尔	谢谢。

 第 2 课　没有轻巧的笔记本电脑吗？ —————————————

口语

对话1 没有轻巧的笔记本电脑吗？

服务员	欢迎光临。您需要什么？
任平	想看一下笔记本电脑。
服务员	笔记本电脑吗？这个怎么样？

任平	有点沉。没有轻巧的笔记本电脑吗？
服务员	那这个怎么样？
任平	挺好的。就要这个了。

对话2 不辣吗？

服务员	欢迎光临。好吃的泡菜。
晴香	不辣吗？
服务员	不辣的。来尝尝看。这里。
	…
晴香	哇！好好吃。请给我一份。
服务员	好的，给您。请好好享用。
晴香	谢谢。

对话3 穿上试试看吧。

宛	这件T恤衫可以试穿一下吗？
服务员	可以的，您试试看。非常好看的T恤衫。
宛	好的。…… 不大吗？
服务员	不大。很好看。
宛	嗯。有其他颜色吗？
服务员	有的，这里其他颜色也挺多的。穿上试试看吧。

读与说 南大门市场是个大市场。

南大门市场

南大门市场是个大市场，店铺很多。有服装店、眼镜店、饰品店、花店、水果店。可以买到韩国旅行的伴手礼。餐厅也非常多。所以能够品尝到好吃的韩国美食。油煎糖饼、刀削面、韩式饺子都好吃，也不辣。可以尝尝看。离明洞、南山也近，所以还能逛一逛明洞和南山。

搭乘地铁4号线在会贤站下车，从5号出口出来便是南大门市场。

价格实惠，品种多样。有很多韩国旅行伴手礼。尝一尝泡菜饺子。
离南山近，去逛一逛明洞。

弘大街

弘大街是个非常有趣的地方。街头表演很有名。可以听到有人唱歌，也能看到舞蹈表演。可以淘到便宜的衣服，也能买到好看的饰品。这里还有练歌房、咖啡厅、餐厅和电玩城。想和朋友一起玩吗？那就一定要去弘大街。

搭乘地铁2号线在弘大入口站下车，从9号出口出来便是弘大街。
可以看街头表演。有很多便宜的服装店。在练歌房唱唱歌。还能玩有趣的游戏。

47

店员	欢迎光临。
加布里埃尔	你好！我想看一看单居室。
店员	好的。房源很多。想找什么样的房子？
加布里埃尔	找干净的房子。
店员	请看看这些照片。这个房子怎么样？非常干净。
加布里埃尔	房间大吗？
店员	对，大的。房间里有床、书桌、冰箱、空调，还有洗衣机。
加布里埃尔	位置在哪儿？
店员	就在西江大学的前面。
加布里埃尔	月租是多少？
店员	65万韩元。房子前面有个大公园，真的很不错。
加布里埃尔	有公园？但有点贵，没有便宜的房子吗？
店员	那这个考试院怎么样？一个月45万韩元。
加布里埃尔	干净吗？
店员	对，是新建的考试院。所以房间很干净，但就是有点小。
加布里埃尔	房间里有卫生间吗？
店员	当然。
加布里埃尔	这里离西江大学近吗？
店员	近，坐公交大概10分钟。
加布里埃尔	那步行要多久？
店员	大概要20分钟。
加布里埃尔	20分钟吗？
店员	不远的。
加布里埃尔	今天这两个房子都能看吗？
店员	当然可以。

 第 **3** 课 我们一起去逛逛首尔怎么样？

口语

对话1 想去仁寺洞和北村

安迪	苏珊，星期六打算做什么？
苏珊	这个嘛，还没想好。
安迪	那我们一起去逛逛首尔怎么样？
苏珊	好的。我想去仁寺洞和北村。
安迪	仁寺洞吗？好呀。一起去吧。

对话2 一起去爬山怎么样？

任平　　莎拉，明天你忙吗？
莎拉　　怎么啦?
任平　　我们一起去爬山怎么样？想和你一起去爬山。
莎拉　　抱歉。明天去做兼职。
任平　　是吗？那下次一起去吧。

对话3 一起吃午饭，然后散散步。

汉斯　　巴雅尔，明天下课后你有时间吗？
巴雅尔　有的。
汉斯　　是吗？那一起吃午饭怎么样?
巴雅尔　好啊。一起吃午饭，然后散散步。
汉斯　　那明天1点在学校前面见怎么样?
巴雅尔　好的。明天见。

读与说 和朋友去了世界杯公园。

　　昨天天气非常好。所以安迪和朋友们去了世界杯公园玩。世界杯公园离学校不远。坐地铁大概需要20分钟。公园很大，不光树多，花也好看。
　　在那里，安迪和朋友们吃了美味的午餐。吃了紫菜包饭和炸鸡。然后在公园里散了步拍了照，还一起做了游戏。安迪赢了游戏，所以心情很好。
　　美娜说："安迪，世界杯公园真的太棒了。下次再来怎么样？"
　　安迪回答道："好呀。下次就咱俩来吧。"

听与说 我们一起去看校庆怎么样？

智勋　　宛，星期五你要做什么?
宛　　　这个嘛。还没有特别的打算。智勋你呢?
智勋　　我打算去参加校庆。
宛　　　西江大学的校庆? 西江大校庆怎么样?
智勋　　非常有意思。有多种多样的活动。可以玩各种游戏，还能收到礼物。
宛　　　是吗?
智勋　　也会来很多餐车。不光可以吃到韩国料理，还能尝到世界各国的美食。
宛　　　还有什么呢?
智勋　　知名的歌手会来演出。
宛　　　啊，是吗? 要买票吗?
智勋　　不用，是免费的。谁都可以来看演出。
宛　　　演出几点开始?
智勋　　晚上8点开始。但要早点排队。
宛　　　我也想去看。
智勋　　那我们一起去怎么样? 一起玩游戏，一起吃美食，一起看演出。
宛　　　好的。那几点见?
智勋　　嗯……可以稍微早点儿见吗? 4点怎么样?

宛　　好的。那4点在学校正门前面见。

第4课　什么时候来的韩国？

口语

对话1 喜欢吃辣的东西吗？

民洙　苏珊，你吃午饭了吗？
苏珊　吃了，吃的拌饭。民洙你呢？
民洙　我吃了泡菜汤。
苏珊　民洙，你喜欢吃辣的东西吗？
民洙　是的，我喜欢。
苏珊　是吗？我也喜欢吃辣。

对话2 哪里不舒服吗？

民洙　苏珊，你脸色不太好。哪里不舒服吗？
苏珊　是的，肚子疼。
民洙　是不是吃了辣的东西？
苏珊　对，吃了辣。
民洙　吃点药吧。然后早点回家。
苏珊　好的，知道了。谢谢。

对话3 你来自哪个国家？

莎拉　您点了热柠檬茶吗？在这儿。
客人　谢谢。韩国语说得真不错。你来自哪个国家？
莎拉　我来自法国。
客人　什么时候来的韩国？
莎拉　两个月前来的。

读与说 奶奶在房间里睡觉。

　　今天是周日。周日上午我们一家一般会去家附近的公园。在那里散步和运动。但今天天气不好。下雨，还刮大风。所以现在大家都待在家里。
　　奶奶在房间里睡觉。最近身体不好。爷爷在奶奶旁边看书。我在房间和朋友打电话。好朋友去了法国留学。放假的时候我打算去见她。妈妈在客厅，在看电视剧。妈妈非常喜欢电视剧。姐姐也在客厅，在客厅练瑜伽。爸爸在厨房。在厨房做好吃的点心。爸爸的手艺很好。过一会儿我们一家人就可以吃到好吃的点心。

老师	请进。
安迪	老师，您好！
老师	你好！安迪，上周为什么没来学校？
安迪	身体很不舒服。
老师	哪里不舒服？
安迪	发了高烧，嗓子也很疼。
老师	去医院了吗？
安迪	去了，去了趟家附近的内科诊所。
老师	现在好点了吗？
安迪	没有，嗓子还是有点疼。
老师	是吗？多喝热水，然后好好休息。
安迪	好的。
老师	不过安迪，下周要考试。
安迪	考试吗？怎么办？我没有学习。
老师	别担心。明天会复习。安迪，明天一定要来学校。
安迪	考试是下周什么时候？
老师	是星期一。
安迪	好的，知道了。老师，再见。
老师	再见。安迪，祝早日康复。

第5课 你会滑雪吗？

口语

对话1 运动或听听音乐。

晴香	有空的时候你会做什么？
安迪	运动或听听音乐。
晴香	你喜欢什么运动？
安迪	喜欢跆拳道。
晴香	那你喜欢什么音乐？
安迪	喜欢嘻哈。

对话2 虽然难，但挺有趣的。

任平	苏珊，今天下午忙吗？
苏珊	怎么啦？
任平	一起去体育馆打乒乓球怎么样？
苏珊	抱歉。今天有网球课。

任平　　你在学网球吗？网球课怎么样？
苏珊　　虽然难，但挺有趣的。

对话3 你会打网球吗？

汉斯　　苏珊，最近过得怎么样？
苏珊　　过得挺好的。最近在学网球。
汉斯　　是吗？
苏珊　　汉斯你会打网球吗？
汉斯　　嗯，会打的。
苏珊　　那下次我们一起打网球吧。
汉斯　　嗯，好的。

读与说 英语说得非常好。

自我介绍

金智勋

　　我叫金智勋。想在SG电视台工作。我主攻新闻广播学，所以假期在电视台参加了实习。

　　从高中时开始，我就对其他国家的文化很感兴趣，所以大学一年级的时候在美国学了一年英语。可以听懂英语新闻。之后还上了一年的中文补习班，所以也会说中文。

　　我也会熟练使用各种电脑软件，特别擅长剪辑。

　　我想在SG电视台制作出好的电视节目。请多关照。

Email: jhkim0815@amail.com

金智勋 Kim, Jihun

听与说 最近在学网球。

俊　　　你好，苏珊。现在要去哪儿？
苏珊　　去网球场。我最近在学网球。
俊　　　啊，是吗？什么时候开始学网球的？
苏珊　　上个月开始的。
俊　　　在哪儿学？
苏珊　　在公司附近的网球场。
俊　　　那个网球场怎么样？
苏珊　　非常不错。老师也很和蔼可亲。
俊　　　一周要去几次？
苏珊　　一周两次。
俊　　　一般什么时候去网球场？
苏珊　　早晨早点去或是下班后去。怎么啦？
俊　　　我不会打网球。所以也有点儿想学网球。
苏珊　　是吗？那下次一起去吧。

俊	好的，那到时候能给我介绍老师吗？
苏珊	当然可以。俊，明天怎么样？
俊	好的。
苏珊	那明天一起去网球场吧。
俊	几点见呢？
苏珊	嗯…… 明天晚上六点在新村站2号出口见吧。
俊	好的。那明天见。

 第 **6** 课 是比这把更长的雨伞。 ————

口语

对话1 现在正写着作业。

巴雅尔	喂，安迪。现在在哪儿？
安迪	在自习咖啡厅。怎么啦？
巴雅尔	宛在那里吗？
安迪	在的，现在正写着作业。

对话2 没见到朋友。

宛	汉斯，昨天见朋友了吗？
汉斯	没有，没见成。
宛	为什么没见成呢？
汉斯	朋友很忙，所以没见成。

对话3 是红色的雨伞。

加布里埃尔	你好！请问有没有看到雨伞？
工作人员	请稍等。是什么颜色的雨伞？
加布里埃尔	是红色的雨伞。
工作人员	是这把雨伞吗？
加布里埃尔	不是，是比这把更长的雨伞。

读与说 兔子和乌龟。

很久很久以前，生活着一只兔子和一只乌龟。有一天，兔子走在去见朋友的路上。当时乌龟在兔子前面慢慢地爬着。

兔子看到了乌龟。然后问道："你好，乌龟。你要去哪儿？"。

乌龟回答道："去奶奶家见奶奶"。

兔子说："乌龟你太慢了，今天能到奶奶家吗？"，并大笑了起来。

乌龟听了不高兴。

乌龟对兔子说："兔子，我们比跑到那边的山上怎么样？我能赢"。

兔子回答道："哈哈哈，你能赢我吗？好的，跑吧。乌龟你是赢不了我的"。

兔子和乌龟开始了赛跑。兔子比乌龟快得多，跑得很快。但乌龟很慢，慢慢地爬着。

兔子看了看后面。乌龟还在下面慢慢地爬着。兔子想"啊，真没意思。乌龟真的太慢了。我要在这里先睡会儿午觉"。于是兔子便在树下睡起了午觉。但乌龟并没有休息，而是踏踏实实地爬着。

过了一会儿，兔子醒了。它看了看后面，发现乌龟不在。这时乌龟朝着兔子大声喊道："呀哈，兔子！"。兔子看了看山上。乌龟已经在山上了。

乌龟比兔子更早地到了山上。乌龟赢了，心情非常好。

听与说 正在找钱包。

智勋	宛，你怎么还没来？大家都在等你。
宛	这个，不好意思。我丢了钱包，所以正在找钱包。
智勋	钱包吗？现在在哪儿？
宛	在新村站。
智勋	地铁站里有办公室。可以问问那里的工作人员。
宛	好的，谢谢。

宛	不好意思。我丢了钱包。
工作人员	什么样的钱包？
宛	是个小小的钱包。
工作人员	是什么颜色的？
宛	黑色的。钱包里有学生证、卡还有钱。
工作人员	请稍等。是这个吗？
宛	不是，比这个要更小。
工作人员	那这里没有。
宛	啊，好的。
工作人员	那个，可以给失物招领中心打电话问问看。
宛	失物招领中心吗？电话号码是多少？
工作人员	02-6110-1122。下午六点前会有人接听的。失物招领中心在市厅站。
宛	谢谢。

第7课 请推荐些好吃的餐厅给我吧。

口语

对话1 请帮我换一下座位。

安迪	服务员，要一份嫩豆腐汤。
服务员	好的。
	…
安迪	那个，不好意思，请帮我换一下座位。太冷了。
服务员	好的，知道了。
安迪	谢谢。

对话2 等一会儿给你推荐。

安迪	美娜，那个……
美娜	嗯，安迪。怎么啦？
安迪	下周朋友来韩国。请推荐些好吃的餐厅给我吧。
美娜	好的，我知道了。但现在有点忙。
	等一会儿给你推荐。
安迪	谢谢。

对话3 吃过拌饭吗？

加布里埃尔	巴雅尔，你吃过拌饭吗？
巴雅尔	嗯，吃过。加布里埃尔，你呢？
加布里埃尔	我还没吃过。
	巴雅尔你推荐些好吃的餐厅给我吧。
巴雅尔	好的，我来给你推荐。
加布里埃尔	谢谢。

读与说 做烤牛肉。

　　上个周末，宛和同学们一起去美娜家玩。美娜母亲给做了韩国菜。宛和朋友们吃得很香。特别是烤牛肉非常好吃。所以宛向美娜妈妈提出了一个请求。

　　"烤牛肉真的太好吃了。怎么做呢？请教教我吧。"

　　"是吗？欢迎随时来，我来教你。"

　　几天后，宛去美娜家学做烤牛肉。

　　宛和美娜母亲一起做了烤牛肉。首先将白糖、香油、大蒜放入酱油里进行搅拌。然后把酱油倒入牛肉中，再静置30分钟左右。

　　然后将肉和胡萝卜、洋葱、大葱一起翻炒。宛做的烤牛肉有点咸，但美娜母亲做的烤牛肉既甜又非常美味。

宛现在也能做出好吃的烤牛肉了，所以非常开心。

美娜母亲说：

"宛，你会做泰国菜吗？也请你教教我吧。"

"当然！下次我来教您做泰国菜吧。"

听与说 我来烤吧。

巴雅尔	服务员，请擦一下桌子。
服务员	好的。这里有菜单，您想点什么？
巴雅尔	请稍等一下。

巴雅尔	加布里埃尔，你吃过烤五花肉吗？
加布里埃尔	没有，还没吃过。好吃吗？
巴雅尔	嗯，非常好吃。尝一尝吧。
加布里埃尔	好的。咱们快点儿点怎么样？肚子太饿了。

巴雅尔	服务员，请给我们两人份的烤五花肉。
服务员	两人份的烤五花肉来了。我来帮您烤。
巴雅尔	哇！谢谢。
加布里埃尔	哇！谢谢。

加布里埃尔	服务员，请再加一点儿小菜。
服务员	小菜是自助的。自助区在那边。
加布里埃尔	我去拿点儿过来。

服务员	主食想要吃点什么？
巴雅尔	都有什么呢？
服务员	有冷面和大酱汤。
加布里埃尔	嗯，大酱汤不辣吗？
服务员	不辣的，很好吃。可以尝尝看。
加布里埃尔	那我要大酱汤。
巴雅尔	我要冷面。

服务员	这是您的餐。请慢用。
巴雅尔	那个，请给我一把剪刀。
服务员	我来帮您剪。
巴雅尔	谢谢。

口语

对话1 作业写了吗？

汉斯　晴香，作业写了吗?
晴香　没有，还没写。
汉斯　为什么没写呢?
晴香　因为没时间，所以就还没写。
汉斯　是吗? 我也还没写完。今天一起写怎么样?
晴香　好的。一起写吧。

对话2 因为要早起，所以累。

莎拉　任平，这学期怎么样?
任平　非常好。
莎拉　什么地方最好?
任平　口语课很有趣，非常棒。
莎拉　我也是。但因为要早起，我有点累。

对话3 打算去釜山旅行。

安迪　这学期已经都结束了。
巴雅尔　是啊，时间过得真快。
安迪　巴雅尔，你假期打算干什么?
巴雅尔　我打算回趟老家。安迪你呢?
安迪　我打算去釜山旅行。
巴雅尔　是吗? 安迪，那祝你假期愉快。

读与说 现在可以用韩国语聊天了。

　　大家好！今天我来介绍一下我的学校生活。去年我在美国开始学习韩国语，但因为太难，学得不好。所以三个月前，为了学习韩国语我来到了韩国。刚开始我和朋友们用英语交流。但现在可以用韩国语聊天了。

　　请看这里。有栋红色的建筑，对吧？我在这里学习韩国语。这栋楼里有教室、办公室、休息室、自习咖啡厅。我们班的教室在8楼。这里就是教室，从9点到1点在这里学习。

　　这是我们班的同学们。这位是汉斯。汉斯非常勤快。早上学习韩国语，下午去公司，休息日去登山或游泳。这位是莎拉。莎拉非常喜欢韩国电影，韩国电影演员的名字她几乎都知道。晴香是我们班韩语最好的。她非常聪明，也亲切热情。

下课后去学生食堂。菜单每天都不同，价格也便宜，所以经常去这里。吃完午饭后运动。有时和加布里埃尔、任平踢足球，有时和苏珊打网球。

考试之前和同学们去自习咖啡厅。在那里一起学习。

这学期下周就结束了。假期我要和韩国朋友们去釜山旅行。打算在釜山到处逛逛，吃些美食。韩国生活虽然繁忙，但真的很快乐。下次来介绍釜山旅行。

听与说 周一机场见。

珍妮	喂。
智勋	珍妮，我是智勋。
珍妮	你好！智勋。我在等你的电话。
智勋	珍妮，下周出发对吧？
珍妮	对的，下周一早上九点出发。
智勋	韩国时间九点吗？
珍妮	不是，悉尼时间九点出发。预计韩国时间晚上六点到。
智勋	是吗？那珍妮，周一机场见。我去机场。
珍妮	真的吗？谢谢。对了！智勋，最近韩国天气怎么样？冷吗？
智勋	对，最近很冷。所以一定要带厚点的衣服来。
珍妮	好的，我知道了。智勋你有什么需要的东西吗？
智勋	这个嘛。啊，可以帮我买点儿英文书吗？
珍妮	英文书吗？
智勋	对，我有想读的英文书。等会儿我把书的名字用短信发给你吧。
珍妮	好的，我知道了。还有其他需要的东西吗？
智勋	没有了。你都准备好了吗？
珍妮	基本都准备好了。但是我韩语说得不好，所以挺担心的。
智勋	不用担心。珍妮你很快就会说得很好的。
珍妮	谢谢你，智勋。
智勋	那珍妮，机场见。
珍妮	好的，智勋。到时候见。

词汇与表达索引

(按가나다顺序排列)

● 名词　　■ 动词　　▲ 形容词　　◆ 其他　　□ 句式

2인분	◆	两人份	1B 7과	듣고 말하기
A/S센터	□	售后服务中心	1B 7과	말하기

ㄱ

가격	●	价格	1B 1과	듣고 말하기
가끔	◆	偶尔，有时	1B 8과	읽고 말하기
가방을 들다	◆	拿包，拎包	1B 7과	말하기
가볍다-가벼워요-가벼운 가방	▲	轻-轻-轻巧的包	1B 2과	말하기
가지고 오다	◆	拿过来	1B 7과	말하기
간식	●	零食，点心	1B 4과	읽고 말하기
간장	●	酱油	1B 7과	읽고 말하기
감기에 걸리다	◆	感冒	1B 4, 8과	말하기
갔다 오다	◆	来回，去了趟	1B 4과	듣고 말하기
같다-같아요-같은 옷	▲	一样-一样-一样的衣服	1B 2과	말하기
거기	●	那里	1B 4과	읽고 말하기
거리	●	街，街道	1B 2과	읽고 말하기
거북	●	乌龟	1B 6과	읽고 말하기
거실	●	客厅	1B 4과	읽고 말하기
거의 다 알아요.	□	几乎都知道。	1B 8과	읽고 말하기
거의 다 했어요.	□	基本都准备好了。	1B 8과	듣고 말하기
걱정되다	■	担心	1B 8과	듣고 말하기
걱정하다	■	担心，忧虑	1B 4과	듣고 말하기
건강	●	健康	1B 4과	읽고 말하기
건강 조심하세요.	□	注意身体；多多保重。	1B 1과	읽고 말하기
건물	●	楼，建筑	1B 8과	읽고 말하기
걸어가다	■	走，步行去	1B 6과	읽고 말하기
게임 센터	◆	电玩城	1B 2과	읽고 말하기
게임하다	◆	玩游戏，做游戏	1B 3과	말하기
경치가 좋다	◆	风景好	1B 1과	말하기

계산하다	■	计算，结账	1B 7과	말하기
계세요-계셨어요	■	在，健在	1B 4과	말하기
고등학교	●	高中	1B 5과	읽고 말하기
고시원	●	韩国考试院（指空间狭小的单间，居住者多为准备考试或求职的人）	1B 2과	듣고 말하기
고장났어요.	□	出故障了。/ 坏了。	1B 7과	말하기
골프를 치다	◆	打高尔夫	1B 5과	말하기
공연	●	演出，表演	1B 8과	말하기
공연을 보다	◆	看演出	1B 3과	말하기
공연하다	■	演出，表演	1B 3과	듣고 말하기
공포 영화	●	恐怖片	1B 5과	말하기
과자	●	饼干	1B 2과	말하기
관심이 많다	◆	感兴趣	1B 5과	읽고 말하기
괜찮다	▲	还可以，没关系，不要紧	1B 4과	듣고 말하기
교통이 불편해요.	□	交通不方便。	1B 1과	듣고 말하기
구두	●	皮鞋	1B 2과	말하기
굽다	■	烤	1B 7과	듣고 말하기
귀	●	耳朵	1B 4과	말하기
귀걸이	●	耳环，耳坠	1B 3과	말하기
귤	●	橘子	1B 2과	말하기
그때	◆	那时，那会儿，当时	1B 6과	읽고 말하기
그러니까	◆	所以，因此	1B 8과	듣고 말하기
그러세요?	□	是吗?	1B 4과	말하기
그럼요.	□	当然。	1B 2과	듣고 말하기
그림을 그리다	◆	画画	1B 6과	말하기
글쎄요.	□	这个嘛; 难说; 不清楚。	1B 1과	듣고 말하기
금방	◆	马上，立刻	1B 8과	듣고 말하기
기분이 나쁘다	◆	心情不好，不高兴	1B 6과	읽고 말하기
기쁘다	▲	高兴，开心	1B 7과	읽고 말하기
기타를 치다	◆	弹吉他	1B 5과	말하기

길다-길어요-긴 바지	▲	长-长-长裤	1B 2과	말하기
김	●	紫菜，海苔	1B 2과	말하기
김밥	●	紫菜包饭	1B 7과	말하기
김치	●	泡菜	1B 2과	말하기
김치볶음밥	●	泡菜炒饭	1B 7과	말하기
까만색	●	黑色	1B 6과	말하기
깨끗하다	▲	干净	1B 2과	듣고 말하기
꽃	●	花	1B 2과	읽고 말하기
끄다	■	关	1B 7과	말하기

ㄴ

나무	●	树	1B 3과	읽고 말하기
낚시하다	■	钓鱼	1B 7과	말하기
날씨		天气	1B 2과	말하기
날씨가 좋다	◆	天气好	1B 4과	읽고 말하기
남색	●	蓝色	1B 6과	말하기
낮다-낮아요	▲	低-低	1B 1과	말하기
내과	●	内科	1B 4과	듣고 말하기
내일 학교에 꼭 오세요.	□	明天一定要来学校。	1B 4과	듣고 말하기
냉장고	●	冰箱	1B 2과	듣고 말하기
너무	◆	太，很，非常	1B 1과	말하기
너무 피곤하다	◆	太疲惫	1B 8과	말하기
넓다	▲	宽广，辽阔	1B 1과	말하기
넣다	■	放入，装进	1B 7과	읽고 말하기
노란색	●	黄色	1B 6과	말하기
노래방	●	练歌房，KTV	1B 2과	읽고 말하기
노래방에 가다	◆	去练歌房，去KTV	1B 3과	말하기
농구하다	■	打篮球	1B 5과	말하기
높다-높아요	▲	高-高	1B 1과	말하기
누구든지	◆	无论是谁，任何人	1B 3과	듣고 말하기

누르다	■	按，压	1B 7과	말하기
눈	●	眼睛	1B 4과	말하기
뉴스를 보다	◆	看新闻	1B 4과	말하기
느리다-느려요-느린 버스	▲	慢-慢-慢速公交	1B 2과	말하기
늦게까지	◆	晚，直到很晚	1B 1과	듣고 말하기

ㄷ

다 같이	◆	一起，共同	1B 3과	읽고 말하기
다 먹을 수 없다	◆	吃不完	1B 7과	말하기
다르다-달라요-다른 옷	▲	不一样-不一样-不一样的衣服	1B 2과	말하기
다른 약속이 있다	◆	有约，另外有约	1B 1과	말하기
다른 일이 있다	◆	有其他事情	1B 8과	말하기
다리	●	腿	1B 4과	말하기
다시	◆	再，又，重新	1B 3과	읽고 말하기
다양하다	▲	多样的，多元的	1B 3과	듣고 말하기
단어	●	单词	1B 6과	말하기
달다	▲	甜	1B 2과	말하기
달리기하다	■	跑步，赛跑	1B 6과	읽고 말하기
당근	●	胡萝卜	1B 7과	읽고 말하기
대답하다	■	回答	1B 3과	읽고 말하기
덥다-더워요	▲	热-热	1B 1과	말하기
돈을 찾다	◆	取钱	1B 1과	말하기
돕다	■	帮助，帮忙	1B 7과	말하기
두껍다	▲	厚	1B 8과	읽고 말하기
둘 다	◆	两个都	1B 2과	듣고 말하기
둘이서만	◆	只有两人，只有咱俩	1B 3과	읽고 말하기
드라이기	●	吹风机	1B 2과	말하기
드림	◆	敬上，敬呈	1B 1과	읽고 말하기

드세요-드셨어요	■	吃饭，用餐	1B 4과	말하기
들어가다	■	进去	1B 1과	말하기
들어오세요.	□	请进。	1B 4과	듣고 말하기
등산하다	◆	登山，爬山	1B 3과	말하기
따뜻하다	▲	温暖的，暖和的	1B 4과	말하기
떡볶이	●	辣炒年糕	1B 3, 7과	말하기
또	◆	又，再	1B 1과	듣고 말하기
똑똑하다	▲	聪明	1B 8과	읽고 말하기
뛰어가다	■	跑去	1B 6과	읽고 말하기

ㄹ

라면	●	泡面，方便面	1B 7과	말하기
라틴 댄스	●	拉丁舞	1B 5과	말하기

ㅁ

마늘	●	大蒜	1B 7과	읽고 말하기
마음에 들다	◆	满意，中意	1B 1과	읽고 말하기
막걸리	●	米酒	1B 2과	말하기
만들어 주셨습니다.	□	为（某人）做……	1B 7과	읽고 말하기
많다-많아요	▲	多-多	1B 1과	말하기
말씀하세요-말씀하셨어요	■	说话	1B 4과	말하기
말씀하셨습니다.	□	说。	1B 7과	읽고 말하기
맛없다-맛없어요	▲	不好吃，难吃-不好吃，难吃	1B 1과	말하기
맛있게 드세요.	□	请好好享用。	1B 2과	말하기
맛있다-맛있어요	▲	好吃-好吃	1B 1과	말하기
맛집	●	好吃的餐厅	1B 7과	말하기

맵다	▲	辣	1B 2과	말하기
머리	●	头，脑袋，头发	1B 2, 4과	말하기
머리가 아프다	◆	头疼	1B 8과	말하기
먼저	◆	首先	1B 7과	읽고 말하기
멋있다	▲	帅气	1B 2과	말하기
메뉴판	●	菜单，菜谱	1B 7과	듣고 말하기
메시지로 보낼게요.	□	用短信发给你吧。	1B 8과	듣고 말하기
며칠 후	◆	几天后	1B 7과	읽고 말하기
몇 잔	◆	几杯	1B 4과	말하기
모두	◆	全，都，所有	1B 1과	읽고 말하기
목	●	颈部，脖子	1B 4과	말하기
목도리	●	围巾	1B 6과	말하기
무겁다-무거워요-무거운 가방	▲	重-重-沉重的包	1B 2과	말하기
무료	●	免费	1B 3과	듣고 말하기
무릎	●	膝盖	1B 4과	말하기
무슨 색 우산이에요?	□	是什么颜色的雨伞？	1B 6과	말하기
무슨 색이에요?	□	是什么颜色？	1B 6과	말하기
문화	●	文化	1B 1과	말하기
물어보다	■	问，打听	1B 6과	읽고 말하기
뭐 주문하시겠어요?	□	您想点什么？	1B 7과	듣고 말하기
뭐 찾으세요?	□	您需要什么？	1B 2과	말하기
미술관에 가다	◆	去美术馆	1B 3과	말하기

바람이 불다	◆	刮风	1B 4과	읽고 말하기
바람이 시원하다	◆	风很凉快，凉爽的风	1B 1과	말하기
바로	◆	就，立即，马上	1B 2과	듣고 말하기
바쁘다	▲	忙	1B 8과	말하기
바지	●	裤子	1B 2과	말하기
반지	●	戒指	1B 3과	말하기
반찬	●	小菜	1B 7과	듣고 말하기
반찬은 셀프예요.	□	小菜是自助的。	1B 7과	듣고 말하기
발	●	脚	1B 4과	말하기
발음을 잘하다	◆	发音好	1B 1과	말하기
방송	●	广播，播放	1B 5과	읽고 말하기
방송국	●	电视台	1B 5과	읽고 말하기
방학 잘 보내세요.	□	假期愉快。	1B 8과	말하기
배	●	肚子，腹部	1B 4과	말하기
배가 고프다	◆	肚子饿	1B 7과	듣고 말하기
배드민턴을 치다	◆	打羽毛球	1B 5과	말하기
배우러 다니다	◆	去学	1B 5과	말하기
버스킹	●	街头表演	1B 2과	읽고 말하기
번역하다	■	翻译	1B 6과	말하기
번지 점프를 하다	◆	蹦极	1B 7과	말하기
벌써 다 끝났어요.	□	已经都结束了。	1B 8과	말하기
보라색	●	紫色	1B 6과	말하기
복습하다	■	复习	1B 1과	읽고 말하기
볶다	■	炒	1B 7과	읽고 말하기
부동산	●	房地产	1B 1과	듣고 말하기
부르다	■	叫，喊，呼唤	1B 6과	읽고 말하기
부엌	●	厨房	1B 1과	읽고 말하기
부지런하다	▲	勤劳，勤快	1B 8과	읽고 말하기
부츠	●	靴子，长靴	1B 2과	말하기

66

부탁하다	■	拜托，请求	1B 7과	읽고 말하기
불고기	●	烤牛肉	1B 7과	읽고 말하기
불편하다	▲	不方便，不舒服，不适	1B 1과	읽고 말하기
비가 오다	◆	下雨	1B 4과	읽고 말하기
비빔국수	●	拌面	1B 7과	말하기
비빔밥	●	拌饭	1B 7과	말하기
비싸다-비싸요	▲	贵-贵	1B 1과	말하기
비행기표	●	机票	1B 1과	말하기
빠르다-빨라요- 빠른 버스	▲	快-快-快速公交	1B 2과	말하기
빨간색	●	红色	1B 6과	말하기
빨리	◆	快，迅速地	1B 6과	읽고 말하기
빨리 나으세요.	□	早日康复。	1B 4과	듣고 말하기

ㅅ

사다 주다	◆	给……买	1B 8과	듣고 말하기
사무실	●	办公室	1B 6과	듣고 말하기
사용하다	■	用，使用	1B 5과	읽고 말하기
사진을 찍다	◆	拍照	1B 3과	말하기
산책하다	◆	散步	1B 3과	말하기
삼겹살	●	五花肉，烤五花肉	1B 7과	듣고 말하기
새 집	◆	新家，新房子	1B 1과	읽고 말하기
색깔	●	颜色	1B 2과	말하기
생각하다	■	想，思考	1B 6과	읽고 말하기
생활	●	生活	1B 1과	읽고 말하기
서류를 만들다	◆	准备材料，制作文件	1B 1과	말하기
서울을 안내하다	◆	介绍首尔，领着参观首尔	1B 1과	말하기
섞다	■	掺，混合	1B 7과	읽고 말하기
선물	●	礼物	1B 2과	읽고 말하기
선물을 받다	◆	收到礼物	1B 3과	듣고 말하기

선풍기	●	电风扇	1B 2과	말하기
설탕	●	白糖，砂糖	1B 7과	읽고 말하기
세계 여러 나라 음식	◆	世界各国的美食	1B 3과	듣고 말하기
세탁기	●	洗衣机	1B 2과	듣고 말하기
셀프 코너	◆	自助区	1B 7과	듣고 말하기
소개하다	■	介绍，推荐	1B 7과	말하기
소개해 주다	◆	给……介绍	1B 5과	듣고 말하기
소고기	●	牛肉	1B 7과	읽고 말하기
소리	●	声音	1B 6과	읽고 말하기
손	●	手	1B 4과	말하기
손을 씻다	◆	洗手	1B 6과	말하기
손이 아프다	◆	手疼	1B 5과	말하기
수업료가 비싸다	◆	学费贵	1B 5과	말하기
수영하다	■	游泳	1B 5과	말하기
숙제가 많다	◆	作业多	1B 8과	말하기
순두부찌개	●	嫩豆腐汤	1B 7과	말하기
쉽다-쉬워요-쉬운 시험	▲	简单-简单-简单的考试	1B 2과	말하기
스노보드를 타다	◆	单板滑雪	1B 5과	말하기
스카프	●	围巾，丝巾	1B 2과	말하기
스케이트를 타다	◆	滑冰	1B 5과	말하기
스키를 타다	◆	滑雪	1B 5과	말하기
시간이 빠르다	◆	时间过得快	1B 8과	말하기
시간이 없다	◆	没时间	1B 8과	말하기
시간이 있을 때 뭐 하세요?	□	有空的时候你会做什么？	1B 5과	말하기
시끄럽다-시끄러워요-시끄러운 교실	▲	吵闹-吵闹-吵闹的教室	1B 2과	말하기
시다	▲	酸	1B 2과	말하기
시장	●	市场	1B 2과	읽고 말하기
시청 역	◆	市厅站	1B 6과	듣고 말하기
시키다	■	点（菜）	1B 7과	듣고 말하기

시험 공부하다	◆	准备考试，复习考试	1B 8과	말하기
시험을 보다	◆	考试	1B 4과	듣고 말하기
시험이 있다	◆	有考试	1B 8과	말하기
식사가 나오다	◆	餐好了，饭菜上桌了	1B 7과	듣고 말하기
식사는 뭘로 하시겠어요?	□	主食想要吃点什么？	1B 7과	듣고 말하기
신다	■	穿（鞋袜）	1B 2과	말하기
신문	●	报纸	1B 4과	말하기
신문방송학	●	新闻广播学	1B 5과	읽고 말하기
신촌 역 2번 출구	◆	新村站2号出口	1B 5과	듣고 말하기
싸다-싸요	▲	便宜-便宜	1B 1과	말하기
쓰다	■	戴	1B 2과	말하기

○

아름다운 곳	◆	美丽的地方	1B 2과	말하기
아직 잘 모르겠어요.	□	还不知道，还没想好	1B 3과	말하기
아직 특별한 계획은 없어요.	□	还没有特别的打算。	1B 3과	듣고 말하기
아프다	▲	生病，疼，痛	1B 4과	말하기
안내하다	■	介绍，说明，带路	1B 7과	말하기
알겠어요.	□	知道了。	1B 1과	말하기
알다	■	懂，知道，了解	1B 1과	말하기
알레르기가 있다	◆	过敏	1B 4과	말하기
알리다	■	告诉，通知	1B 7과	말하기
애니메이션	●	动画片，卡通片	1B 5과	말하기
액세서리	●	饰品，配饰	1B 2과	읽고 말하기
액션 영화	●	动作片	1B 5과	말하기
야구하다	■	打棒球	1B 5과	말하기
야호!	□	呀哈（高兴时的叫喊声）	1B 6과	읽고 말하기
약을 먹다	◆	吃药	1B 1과	말하기

얇다	▲	薄	1B 6과	말하기
양파	●	洋葱	1B 7과	읽고 말하기
어깨	●	肩膀	1B 4과	말하기
어느 날	◆	有一天，某一天	1B 6과	읽고 말하기
어둡다	▲	黑，昏暗	1B 7과	말하기
어떻게 해요?	□	怎么办？	1B 4과	듣고 말하기
어렵다-어려워요-어려운 시험	▲	难-难-难的考试，难度大的考试	1B 2과	말하기
어서 오세요.	□	欢迎光临。	1B 2과	말하기
언니	●	姐姐（女用）	1B 4과	읽고 말하기
언제든지	◆	无论什么时候	1B 7과	읽고 말하기
얼굴이 안 좋으세요.	□	脸色不好。	1B 4과	말하기
얼마 후	◆	过了一会儿，不久后	1B 6과	읽고 말하기
에어컨	●	空调	1B 2과	듣고 말하기
여기요.	□	这里。	1B 2과	말하기
여기저기	●	到处	1B 8과	말하기
여러 가지	◆	各种，各种各样	1B 3과	듣고 말하기
역사	●	历史	1B 1과	말하기
연습하다	■	练习	1B 1과	말하기
열심히	◆	努力地，认真地	1B 6과	읽고 말하기
열이 나다	◆	发烧	1B 4과	말하기
영화를 보다	◆	看电影	1B 3과	말하기
예매	■	订购，预订	1B 7과	말하기
예쁘다	▲	好看，漂亮	1B 2과	말하기
옛날옛날에	◆	很久很久以前	1B 6과	읽고 말하기
오이를 빼다	◆	去掉黄瓜	1B 7과	말하기
옷 가게	◆	服装店	1B 2과	말하기
외국	●	外国	1B 7과	말하기
외우다	■	背诵，记住	1B 6과	말하기
요가(를) 하다	◆	练瑜伽	1B 4과	읽고 말하기
요즘 어떻게 지내세요?	□	最近过得怎么样？	1B 5과	말하기

운동하다	◆	运动	1B 3과	말하기
운동화	●	运动鞋	1B 2과	말하기
웃다	■	笑	1B 6과	읽고 말하기
원룸	●	单居室，一居室	1B 2과	듣고 말하기
월세	●	月租	1B 2과	듣고 말하기
위치	●	位置	1B 2과	듣고 말하기
유명하다	▲	有名，知名	1B 2과	읽고 말하기
유실물 센터	◆	失物招领中心	1B 6과	듣고 말하기
이 우산	◆	这把雨伞	1B 6과	말하기
이 티셔츠	◆	这件T恤衫	1B 2과	말하기
이거	◆	这个	1B 6과	말하기
이기다	■	赢	1B 3과	읽고 말하기
이따가	◆	（等）一会儿，（过）一会儿	1B 7과	말하기
이를 닦다	◆	刷牙	1B 6과	말하기
이벤트	●	活动	1B 3과	듣고 말하기
이해하다	■	理解，懂得	1B 5과	읽고 말하기
인터뷰 준비하다	◆	准备采访	1B 8과	말하기
인턴을 하다	◆	实习	1B 5과	읽고 말하기
일이 생기다	◆	出事，发生事情	1B 6, 8과	말하기
일주일 동안	◆	一星期，一周	1B 1과	말하기
일주일에 몇 번	◆	一周几次	1B 5과	듣고 말하기
일찍부터	◆	早点，从很早	1B 3과	듣고 말하기
잃어버리다	■	丢失，失去	1B 6과	듣고 말하기
입	●	嘴，嘴巴	1B 4과	말하기
입다	■	穿（衣服、裤子等）	1B 2과	말하기

ㅈ

자기소개서	●	自我介绍	1B 5과	읽고 말하기
자르다	■	剪，切断	1B 7과	듣고 말하기

자리를 바꾸다	◆	换座，换座位	1B 7과	말하기
자전거를 타다	◆	骑自行车	1B 5과	말하기
작다-작아요	▲	小-小	1B 1과	말하기
잔치국수	●	喜面	1B 7과	말하기
잘 지내요.	□	过得好。	1B 1과	읽고 말하기
잘 부탁드립니다.	□	请多关照。	1B 5과	읽고 말하기
잘하다	■	好，擅长	1B 4과	말하기
잠깐	◆	稍微，暂时，一会儿	1B 1과	말하기
잠깐만 기다려 주세요.	□	请稍等一下。	1B 7과	듣고 말하기
잠깐만요.	□	请稍等。	1B 6과	말하기
재미있다	▲	有趣，有意思	1B 1과	읽고 말하기
재즈	●	爵士乐	1B 5과	말하기
저기 죄송한데요.	□	那个，不好意思。	1B 6과	듣고 말하기
저기요.	□	用于招呼服务员。	1B 7과	듣고 말하기
저도 다 못 했어요.	□	我也还没写完。	1B 8과	말하기
저도요.	□	我也是。	1B 8과	말하기
적다-적어요	▲	少-少	1B 1과	말하기
전공하다	■	专攻，专修	1B 5과	읽고 말하기
전화를 받다	◆	接电话	1B 6과	듣고 말하기
정말	◆	真的	1B 8과	읽고 말하기
정문	●	正门	1B 3과	듣고 말하기
제가 가지고 올게요.	□	我去拿过来。	1B 7과	듣고 말하기
제목	●	题目，标题，主题	1B 8과	듣고 말하기
제일	◆	最，第一	1B 8과	말하기
조금 후	◆	稍后，待会儿，过一会儿	1B 4과	읽고 말하기
조용하다-조용해요-조용한 교실	▲	安静-安静-安静的教室	1B 2과	말하기
졸업식	●	毕业典礼	1B 8과	말하기
좋은 집	◆	好房子	1B 1과	듣고 말하기
주무세요-주무셨어요	■	睡觉，就寝	1B 4과	말하기
주문하다	■	订购，下单	1B 4과	말하기

주황색	●	橙色，橘黄色	1B 6과	말하기
준비 다 했어요?	□	都准备好了吗?	1B 8과	듣고 말하기
줄을 서다	◆	排队	1B 3과	듣고 말하기
즐겁다	▲	愉快，高兴	1B 8과	읽고 말하기
지저분하다	▲	脏乱	1B 7과	말하기
진짜	◆	真的	1B 1과	듣고 말하기
집을 찾다	◆	找房子	1B 1과	읽고 말하기
짜다	▲	咸	1B 2과	말하기
짧다-짧아요-짧은 바지	▲	短-短-短裤	1B 2과	말하기
찜질방	●	汗蒸房	1B 7과	말하기

ㅊ

참	◆	真，相当，实在	1B 4과	말하기
참기름	●	香油	1B 7과	읽고 말하기
찾아보다	■	查找	1B 6과	말하기
처음	●	第一次，初次，开始	1B 8과	읽고 말하기
천천히	◆	慢慢地	1B 6과	읽고 말하기
초록색	●	绿色	1B 6과	말하기
추천하다	■	推荐	1B 7과	말하기
축구하다	■	踢足球	1B 5과	말하기
축제	●	庆典	1B 3과	듣고 말하기
출발하다	■	出发	1B 8과	듣고 말하기
출장을 가다	◆	出差	1B 1과	말하기
춥다-추워요	▲	冷-冷	1B 1과	말하기
치마	●	裙子	1B 2과	말하기
치킨	●	炸鸡	1B 3과	말하기
친절하다	▲	亲切，和蔼，热情	1B 1과	읽고 말하기
친한 친구	◆	好朋友，好友	1B 4과	읽고 말하기
침대	●	床	1B 2과	듣고 말하기

커피 한잔하다	◆	喝杯咖啡	1B 3과	말하기
케이팝	●	韩国流行音乐（K-pop）	1B 5과	말하기
켜다	■	开, 打开	1B 7과	말하기
코	●	鼻子	1B 4과	말하기
코미디 영화	●	喜剧片	1B 5과	말하기
코트	●	大衣, 外套	1B 6과	말하기
콘서트에 가다	◆	去演唱会	1B 3과	말하기
쿠키를 만들다	◆	做饼干	1B 3과	말하기
크게	◆	大, 大大地	1B 6과	읽고 말하기
크다-커요	▲	大-大	1B 1과	말하기
클래식	●	古典音乐	1B 5과	말하기

탁구를 치다	◆	打乒乓球	1B 5과	말하기
테니스를 치다	◆	打网球	1B 5과	말하기
테이블을 닦다	◆	擦桌子	1B 7과	말하기
토끼	●	兔子	1B 6과	읽고 말하기
퇴근 후	◆	下班后	1B 5과	듣고 말하기
특히	◆	特别, 尤其	1B 5과	읽고 말하기

파	●	大葱	1B 7과	읽고 말하기
파란색	●	蓝色	1B 6과	말하기
팔	●	手臂, 胳膊	1B 4과	말하기
편집	●	编辑, 剪辑	1B 5과	읽고 말하기
편하다	▲	舒服, 方便	1B 1과	읽고 말하기
포장하다	■	打包, 包装	1B 7과	말하기

표를 사다	◆	买票	1B 3과	듣고 말하기
푸드 트럭	●	餐车	1B 1과	말하기
푹 쉬세요.	□	好好休息。	1B 4과	듣고 말하기
프로그램	●	节目，程序	1B 5과	읽고 말하기
프로젝트가 있다	◆	有项目	1B 1과	말하기
플루트를 불다	◆	吹长笛	1B 5과	말하기
피아노를 치다	◆	弹钢琴	1B 5과	말하기
필요하다	▲	需要	1B 8과	듣고 말하기

ㅎ

하모니카를 불다	◆	吹口琴	1B 5과	말하기
하얀색	●	白色	1B 6과	말하기
학기	●	学期	1B 1과	읽고 말하기
학년	●	学年，年级	1B 5과	읽고 말하기
학생증	●	学生证	1B 6과	듣고 말하기
학원에 다니다	◆	上补习班，上辅导班	1B 5과	읽고 말하기
한 달에 45만원이에요.	□	一个月45万韩元。	1B 2과	듣고 말하기
한국말	●	韩国话	1B 4과	말하기
한번 드셔 보세요.	□	可以尝尝看。	1B 7과	듣고 말하기
한번 물어보세요.	□	问问看。	1B 6과	듣고 말하기
한복	●	韩服	1B 4과	말하기
할머니	●	奶奶	1B 4과	읽고 말하기
할아버지	●	爷爷	1B 4과	읽고 말하기
혹시 이거예요?	□	是这个吗?	1B 6과	듣고 말하기
확인(을) 하다	◆	确认	1B 7과	말하기
휴게실	●	休息室	1B 8과	읽고 말하기
휴일	●	休息日，假日	1B 8과	읽고 말하기
힘들다	▲	累，辛苦，吃力	1B 5과	말하기
힙합	●	嘻哈	1B 5과	말하기